Lunes sin mi viejo pastor

JOSÉ LUIS NAVAJO

GRUPO NELSON
Una división de Thomas Nelson Publishers
Desde 1798

NASHVILLE   DALLAS   MÉXICO DF.   RÍO DE JANEIRO

Editora General: *Graciela Lelli*

Adaptación del diseño al español: *Grupo Nivel Uno Inc.*

ISBN: 978-1-60255-732-1

Impreso en Estados Unidos de América

12 13 14 15 16 QG 9 8 7 6 5 4 3 2 1

Contenido

Dedicatoria

A tí, que mantienes tus manos en el arado y entierras tus
pies en el barro de la sagrada labranza.
Verás inundarse de vida el surco que has abierto con tu
esfuerzo y regado con tus lágrimas, y entonces reirás

Antes de empezar

Un día le pedí a Dios instrucciones para vivir.

Al acercar su voz a mi oído me susurró con dulzura:

Sé como el sol: levántate temprano y no te acuestes tarde.

Sé como la luna: brilla en la oscuridad, pero sométete a la luz mayor.

Sé como los pájaros: come, canta, bebe y vuela.

Sé como las flores: enamoradas del sol, pero fieles a sus raíces.

Sé como la fruta: atractiva por fuera y saludable por dentro.

Sé como el día: que llega y se retira sin alardes.

Sé como el oasis: da tu agua al sediento.

Sé como la luciérnaga: aunque pequeña emite su propia luz.

Sé como el agua: buena, transparente y sin pretensiones de sabor.

Sé como el río: siempre hacia adelante.

Y por sobre todas las cosas…

Sé como el cielo: la morada de Dios.

Desperté del placentero sueño y de inmediato supe que tenía el antídoto para la ansiedad.

La hoja de ruta a la verdadera paz.

Prólogo

El síndrome de burnout (o síndrome del «quemado») suele desencadenarse por múltiples causas, y se origina principalmente en profesiones en las que se tiene estrecho contacto con las personas, especialmente cuando existe una intensa relación interpersonal.

Un factor que se suma al anterior, facilitando aun más la aparición del burnout, es la existencia de horarios de trabajo excesivos. Por ello se ha encontrado este síndrome —en múltiples investigaciones— especialmente cuando el trabajo supera las ocho horas diarias, o cuando no se ha cambiado de ambiente laboral en largos periodos de tiempo, y cuando la remuneración económica es inadecuada.

Además de lo ya mencionado, el burnout se suele presentar en situaciones laborales en las que los altos niveles de exigencia se han vuelto un hábito inconsciente y asumido, e incluso con la carga añadida de que esta autoexigencia es socialmente valorada como ejemplar o positiva.

En otras palabras, el ministerio pastoral es una profesión de alto riesgo para este síndrome, por lo que este libro viene a ocuparse de un problema poco tratado, pero que sin duda tiene una alta incidencia entre quienes asumen con seriedad la responsabilidad del ministerio pastoral.

Desde un punto de vista conceptual, el síndrome de burnout (también llamado síndrome de desgaste profesional o síndrome de desgaste ocupacional —SDO— o del trabajador desgastado o del trabajador consumido o, incluso, síndrome del quemado por el trabajo) es un padecimiento que consiste en la presencia de una respuesta prolongada de estrés en el organismo ante los factores estresantes —emocionales e interpersonales— que surgen en el trabajo.

Esta situación de estrés emocional prolongado provoca una serie de síntomas, especialmente la fatiga crónica y el progresivo descenso del rendimiento hasta llegar a la falta de eficiencia.

Durante este proceso de deterioro (habitualmente sin que la persona se dé cuenta de ello, debido a su avance paulatino y lento) las consecuencias de este padecimiento en la salud pueden ser graves: afectación en las relaciones interpersonales dentro y fuera del trabajo, desgaste o pérdida de la empatía con los demás, así como otros síntomas emocionales (especialmente la depresión) y también físicos (insomnio crónico, afectación cardiovascular).

Las principales áreas «seculares» en las que se ha investigado este padecimiento han sido la docencia (maestros) y los trabajadores sanitarios (especialmente la enfermería y también los médicos). A ellos se añaden teleoperadores (de centros de llamadas en contacto directo con el público), profesiones de la ayuda personal como trabajadores sociales, terapeutas familiares y profesiones o trabajos similares en una lista cada vez más larga.

Pero el síndrome de burnout no se presenta únicamente en el mundo laboral empresarial; ataca de la misma forma y, a veces con enorme intensidad, a deportistas de élite.

En general, las mujeres son las víctimas más propensas a este síndrome; les afecta con más frecuencia que a los hombres.

En cuanto a características particulares, son más propensas a padecer el síndrome de burnout las personas altamente capacitadas y comprometidas con su trabajo, lo que facilita que los intereses profesionales o laborales lleguen a estar por encima de sus logros personales.

La evolución habitual es que la persona afectada por este síndrome sin saberlo, intenta esforzarse cada vez más ante lo que valora como un incumplimiento de su responsabilidad al ver su bajo rendimiento, lo que va unido a sensaciones de culpa, de fracaso. Un círculo que es una auténtica cárcel de la que solo podrá salir cuando se derrumbe de manera absoluta, o si alguien cercano se da cuenta de lo que está ocurriendo y logra hacérselo ver, de modo que acepte buscar ayuda y una salida.

Este libro será por ello una herramienta en la que mirarse como un espejo, y útil para diagnosticar si nosotros mismos, o alguien cercano, está en el proceso de quemarse en vida.

PEDRO TARQUIS ALFONSO

ADJUNTO DE MEDICINA INTERNA EN UN HOSPITAL PÚBLICO DE MADRID,

ESCRITOR Y PERIODISTA

Prefacio

Soy pastor y tengo miedo, porque no estoy seguro de serlo... No lo estoy de casi nada. La única seguridad que ahora mismo me embarga es un crudo sentimiento de inseguridad.

Es lunes y el reloj del salón acaba de anunciar las nueve. Delante de mí tengo un vaso con esquejes de acebo. Tras las ventanas de enfrente, el jardín nevado. La tierra no se ve; solo una mullida y blanca alfombra punteada de verde.

Aunque el terso y limpio cielo parezca desmentirlo, es pleno invierno. Ningún ruido llega hasta aquí, ni el canto de los pájaros. La mañana es un remanso. Tanto se complace en sí misma que produce la impresión de que se hará perpetua y hoy no anochecerá.

Un tibio sol, redondo, rojo y cargado de promesas, asciende a su lugar reclamando su turno, y desde el cielo inmaculadamente azul se derrama la vida; pero yo estoy tiritando, porque una heladora sensación se ha asentado en mis entrañas.

Y es que a cada hora que pasa soy más consciente de que no, no fue un mal sueño: mi viejo pastor se fue y con él mi apoyo. Mi soporte en tiempos duros, mi báculo en todo tiempo...

Nunca sospeché que la orfandad doliera tanto.

Hace tiempo me dijeron: Toda persona debe tener, al menos una vez en la vida, un mentor y un protegido. Mentor tuve, pero lo he perdido. Protegido, jamás, ni fuerzas tampoco para ofrecer protección.

Por eso tiemblo arrodillado...

La gruesa bata no cumple su función, ni tampoco la manta que eché sobre mis hombros. Nada pueden hacer cuando es el alma lo que tirita bajo el helado abrazo de la escarcha, que se ciñe a ella como una segunda piel. El dolor del alma es un atajo a la soledad. ¡Qué difícil es encontrar con quien compartirlo! Conté ayer a alguien mi padecimiento y hablándole de mi ahogo logré que casi se asfixiara. Mis palabras actuaron en él como ruedas de molino: A punto estuve de pulverizarle.

Me queda mi esposa —gracias a Dios—. Mil veces he pensado que sin ese prodigioso salvavidas —sin ella— solo mar quedaría, del que te traga para nunca más devolverte. Y me queda Dios... Lo sé. No le veo, hace tiempo que no le escucho y muchos días que no le siento... pero sé que me queda Dios. Y estos viejos almohadones sobre los que escribo arrodillado, también me quedan.

Paro a veces de escribir para comenzar a orar y, sin cesar la oración, me sumerjo en las cuartillas. Miro las rojas lágrimas del acebo. Miro la perfecta mañana que me rodea... pero no la encuentro... Dicen que la noche alcanza su máxima oscuridad cinco minutos antes del amanecer. Mi noche está cerradísima; puede que pronto amanezca...

Hoy, en la sagrada quietud, escuché un latido. Sospecho que es el corazón de Dios. No le veo ni le siento tampoco, pero sé que está. Ese sonido... ese tañido leve me suena a Él... creo, incluso, que me acerca a Él. Aliento la esperanza de que el rítmico golpeteo dará paso a su voz y, entonces sí, dejaré de temblar. Él sabrá comprenderme y también convencerme de que estoy sin mi viejo pastor, pero nunca dejé de ser pastoreado.

Aquí permaneceré hasta que rompa el alba.

Por más que duela la espera —aunque una hora me parezca un día y un día se me antoje un siglo—, esperaré. La confianza será mi espada y la paciencia mi escudo. No importa lo que tarde el alba, aquí la aguardaré.

(ESCRITO EN EL VALLE DONDE ME SUMIÓ LA PARTIDA DE MI VIEJO PASTOR.)

Navidad sin mi viejo pastor

Hay multitud de días bellos que aún vendrán; lo pasado pasó…
pero el mañana está intacto y cobija impresionantes tesoros en
los brillos de sus luces y en los pliegues de sus sombras…

Sujetándome en la mesa me he erguido y he depositado sobre el escritorio la vieja estilográfica heredada de mi pastor y con la que acabo de volcar mi corazón sobre un pedazo de papel. Junto a la misiva recién redactada yacen decenas de folios.

Mi escritorio, a primera vista, es el paradigma del desorden; pero se trata solo de un caos ordenado. Yo mismo esparcí esos papeles. Son los quince pergaminos que, como celdillas de un panal, contienen el néctar que lunes a lunes libé del jardín de mi maestro… mi viejo pastor.

Sin embargo, el luto de la despedida ha despojado a esas gemas de gran parte de su brillo y los pergaminos no me parecen ya tan poderosos.

Las luces multicolores que brillan en la calle y que a través del cristal se reflejan en mi mesa, me recuerdan dos cosas: hoy es Navidad y hace dos meses que mi viejo pastor no está.

Estas fiestas no están siendo, en absoluto, lo que tendrían que haber sido. La despedida está reciente y demasiado abierta la herida. A veces me parece que su presencia sigue ahí, tan concreta como si nunca se hubiera marchado, casi palpable.

Otros años, mediado noviembre, luces y adornos navideños ya han invadido nuestra casa, pero este es diferente: no hay guirnaldas, ni huele a mantecados o turrones. La chimenea está impoluta; ni una brizna de ceniza la ensucia, ni una castaña se asó. Es otro el olor que prevalece: el de la ausencia... ¡Qué hediondez tan insufrible!

Lo malo es que al calor de la ausencia florece el recuerdo y bajo sus pétalos crecen espinas que acarrean sufrimiento.

Semanas atrás, cuando las calles lucieron sus primeras galas de Navidad y una levísima capa blanca asfaltó el camino, María y yo visitamos a Raquel, su fiel esposa.

Al detenernos ante la puerta azul tachonada de clavos negros, no pude evitar rememorar aquel lunes de principios de junio, cuando con pasos muy lentos me acerqué hasta ese mismo umbral. Timidez y preocupación me embargaron, cuatro veces agarré el aldabón de bronce para soltarlo luego sin llamar. Las sensaciones se repetían ahora.

Miré de soslayo a María esperando que ella llamara, pero sus ojos me enfocaron y leí en su mirada más aprehensión que en la mía, así que aproximé mi mano al puño metálico y lo descargué con mucha suavidad y solo un par de veces.

Breves segundos precedieron al sonido de unos pies que se arrastraban y, pronto, la puerta se abrió. La imagen de Raquel, la esposa de mi viejo pastor, hizo que el corazón se nos encogiera: su gesto era una mueca de pura extenuación y su pálido rostro, de ordinario tan sereno, se había afilado a causa de las privaciones adquiriendo una expresión tensa y desolada.

Una sombra violeta enmarcaba su mirada. Incluso apretó los labios hasta formar con ellos una fina línea. La expresión parecía fuera de lugar en una boca que, sin duda, era mucho más proclive a la sonrisa.

Era evidente que tras haberse marchado su mitad, la otra se negaba a vivir y solo anhelaba el reencuentro. Fingimos, no obstante, naturalidad.

—¡Hola Raquel! —la abrazamos con cariño; con el mismo con que ellos me recibieron a mí cuando, a punto de abandonar, arrastré hasta allí mi desánimo.

Agradeció nuestra visita y nos invitó a pasar, consiguiendo, incluso, fabricar una sonrisa.

—Raquel —María odia andarse por las ramas—, queremos que venga con nosotros a pasar la Navidad.

Silencio: esa fue toda su respuesta. Agachó la cabeza, como meditando; luego la levantó y nos enfocó con sus ojos azules, hoy tristes, pero deliciosamente limpios.

—Os lo agradezco de corazón —dijo por fin—. Pero este año no soy una buena compañía —de nuevo intentó sonreír, aunque no pudo esta vez—, no merecéis que os amargue las fiestas.

—Raquel —insistió María con la terquedad que solo yo conozco—. Queremos tenerla a nuestro lado…

—Sois muy compasivos, pero…

—¡No se trata de compasión! —salí en apoyo de mi esposa alzando la voz más de lo que hubiera querido; enseguida me di cuenta y hablé entonces en susurros—: Raquel, lo que sentimos por usted no es lástima, sino sincero cariño y verdadera gratitud. Tenerla con nosotros sería el mejor regalo de Navidad.

De nuevo guardó silencio, pero levantó el rostro y rompió la escasa distancia para envolver con sus brazos a María. Entonces sí, lloró.

—Gracias —musitó emocionada. Deshizo el abrazo y parpadeó insistentemente, como sacudiéndose las lágrimas que impregnaban sus pestañas. Y, por la forma de mirarnos, parecía decir: Gracias, gracias, gracias… con cada parpadeo.

Asumí de pronto que el enorme desgarrón que Raquel había sufrido consiguió anegar sus ojos pero nunca afear su mirada, porque esas dos ventanas azules, como dos pedazos de mar en los que el agua se agitaba, eran miradores abiertos a un alma herida, tal vez desgarrada, pero siempre limpia. Su voz me sacó de mis pensamientos:

—Os agradezco mucho el ofrecimiento, pero estoy convencida de que esta Navidad debo pasarla con Dios y con mi recuerdo.

No quisimos, ni pudimos tampoco, insistir más. Su decisión era firme y seguramente sabia.

El frío de la estilográfica que acabo de tocar me devuelve al presente: al día de Navidad. Sigo de pie junto a mi escritorio. Anoche, veinticuatro de diciembre, María y yo conmemoramos casi con tristeza el nacimiento de Jesús. Oramos —eso sí, con verdadera devoción—. Inicié yo interrogando a Dios sobre el por qué de un túnel tan largo y María continuó, componiendo la más breve y hermosa plegaria que jamás haya escuchado: Ven a nosotros, Jesús. Ven a nuestro hogar en esta Navidad.

Concluida la oración apagamos las velas navideñas, enjugamos nuestros ojos y nos fuimos a dormir. Así concluyó la Nochebuena más breve que pueda recordar.

El reloj del salón vuelve a sonar. Son las diez de la mañana del día de Navidad cuando entro en la cocina por un café. Será ya el segundo.

—Tienes mala cara —me dice María y añade—: Supongo que es el sueño que te vuelve maleducado. No acostumbras a pasar por mi lado sin darme los buenos días.

—Lo siento —la abrazo por detrás e intento enmendarlo con un beso—. Si no duermo ocho horas no soy yo mismo…

—Y también son los años que te han vuelto gruñón —sonríe para ayudarme a captar la broma.

Se levantó temprano. Justo detrás de mí; y mientras yo me refugié en el despacho ella acudió a la cocina, empeñada en erradicar el olor de la ausencia con el aroma de su guiso navideño. Y casi lo ha conseguido.

A las dos en punto nos sentamos a una mesa primorosamente decorada: la vajilla de las ocasiones especiales, un centro de flores naturales y hasta velas aromáticas, aunque la fragancia a canela y vainilla que desprenden al arder se ve atenuada por el contundente aroma del cordero asado.

Demasiado —pienso al contemplar el esfuerzo que mi esposa ha realizado para acercar la Navidad a nuestro valle—, se ha molestado demasiado. Es mucha mesa para solo dos personas y ambas abatidas.

Comenzamos a degustar el cordero. Es una tradición heredada: en Navidad siempre cordero y la pericia de María en prepararlo aumenta cada año que pasa.

—Huummm —cierro los ojos para concentrarme en el delicioso sabor de la carne y siento que un efluvio placentero me recorre por dentro. Tal vez no sea demasiada mesa—. ¡Está tan tierno que se deshace en la boca! —elogio.

—¡Qué bien! —responde agradecida y aliviada por mi sonrisa— me alegra que te guste.

El punto que ha dado a la carne consigue levantar nuestro ánimo y hasta bromeamos durante la comida. Es entonces cuando me reta:

—¿Por qué no decoramos la casa cuando terminemos de comer?

—¿Decorar la casa para despedir la Navidad? —frunzo el entrecejo—. Los adornos suelen ponerse para recibirla.

—Siempre es mejor tarde que nunca —casi suplica—: al menos pongamos el pino. No es justo que recordemos estas navidades como aquellas en las que no hubo ni un solo adorno en la casa.

La miro asintiendo y también sonriendo, aunque solo por fuera. Tengo las defensas emocionales tan bajas que pequeñas responsabilidades me pesan toneladas; es como si hubiera llegado al límite de mi capacidad y el más mínimo cometido me abrumase sobremanera. El reto que plantea María se me antoja insuperable. Además, estoy convencido de que ni colgando mil bombillas algo de luz calará a mi alma.

Estoy completamente equivocado y pronto tendré ocasión para comprobarlo.

2

Una visita inesperada

Tu vida puede ser cambiada en unos instantes por personas a las que ni siquiera conoces todavía…

Es en el momento de los postres, en el preciso instante en que me deleito con un pedazo de turrón de chocolate relleno de almendras —mi preferido—, cuando suena el timbre de la puerta.

—¡Qué raro! —dice María—. ¿Esperas a alguien?

Niego con la cabeza, pues el turrón me impide hacerlo con palabras. Me levanto, no obstante, y voy a abrir. Parado frente al umbral de la puerta hay un desconocido. Nunca antes le he visto y, pese a ello, un extraño vuelco estremece mi interior cuando lo miro.

Se trata de un muchacho joven, aunque de edad indefinida. No hay nada en él que llame la atención. Ni guapo ni feo, un chico de rostro anónimo, fácil de olvidar. Pero en la totalidad de la imagen se aprecia algo que, no sé la razón, resulta cautivador.

Su figura aniñada, de corta estatura y rostro angelical enmarcado por largo cabello, rubio y lacio, mueven a la ternura. Solo el abrigo que viste: gris y demasiado grande, atenúa la estampa de frágil criatura acostumbrada a tocar el arpa sobre una nube.

Bajo su brazo sujeta, no sin dificultad, un pequeño y viejo recipiente en el que no hay rastro de vida. Únicamente tierra negra y húmeda.

Me mira un instante y luego agacha la cabeza guardando un silencio lleno de aprehensión. Las dos piernas juntas, en posición de firme, le confieren un porte militar, pero el resto de la imagen lo desmiente. Sus manos, unidas al frente casi a la altura del pecho, con los dedos entrelazados y girando los pulgares con nerviosismo, así como la tímida sonrisa que esboza, terminan de convencerme de que ese muchacho chorrea timidez por cada poro de su piel.

—Soy Tim —dice por fin alzando la cabeza y, luego, calla.

—Buenas tardes igualmente —bromeo intentando ocultar mi desconcierto y calculando si será otro de esos muchachos que cantan un villancico a cambio de unas monedas.

Ni siquiera me contesta, pero al menos me mira, y los segundos en que me enfoca me permiten ver que sus ojos, de color miel, son ventanas abiertas a su alma.

Sigue allí parado. Sus dedos no están ya entrelazados, pero frota sus manos a causa del frío mientras mantiene la maceta bajo su brazo, en precario equilibrio. La imagen me hace evocar el humanitario dicho popular: Sienta a un pobre a tu mesa en esta Navidad.

Es como mucho a la sobremesa a lo que podría invitarle; pero antes quiero salir de dudas:

—¿Nos conocemos?

—Soy Tim, señor —repite, y su sonrisa concreta todas las formas posibles de timidez.

—¿Timoteo?

—Me encantaría llegar a serlo —dice sin despojarse de su gesto de humildad.

Me agrada el anhelo envuelto en capas de sencillez que ha arrastrado hasta mi casa. No obstante hay varias cosas que no entiendo: ¿Quién es Tim?, ¿qué hace parado en la puerta de mi casa, precisamente en el día de

Navidad?, ¿qué significa ese viejo tiesto que trae bajo el brazo y que sospecho que quiere ofrecerme?, y lo más importante: ¿qué puedo ofrecerle yo?

De entre todas las preguntas elijo esta última:

—¿Qué deseas, Tim? —le digo con toda la calidez posible—. ¿Puedo ayudarte en algo?

Baja la mirada y con la punta del zapato raspa el suelo, como si escribiera en el asfalto. Creo que busca las palabras que definan mejor sus intenciones.

—Señor —su respeto es evidente; diría que exagerado. Leí el relato sobre su viejo pastor[1] y me conmovió tanto que no he parado hasta encontrarle —guarda un momento de silencio y vuelve a bajar la mirada antes de confesar—: tengo algunas dudas y quería… bueno… me gustaría saber si puede aclarármelas.

Carecerá de un millón de cosas, pero Tim sabe cómo conquistar a un escritor. Halagado por su referencia a la historia de mi viejo pastor, le invito a entrar en casa. Al pasar inclina la cabeza con un gesto que parece un remedo de reverencia, como si estuviese accediendo al mismísimo palacio de Buckingham.

—¡Bienvenido a nuestra casa Tim! —María, que desde el salón ha asistido a la escena sin perder detalle, le brinda una recepción mucho más cálida que la que mi desconcierto me permitió ofrecerle.

¿Cómo se le ocurre venir el día de Navidad?, pienso mientras la pequeña figura de Tim irrumpe en nuestro salón después de dejar la pequeña y descolorida maceta sobre el mueble del recibidor.

Me avergüenzo al confesar que entre los pensamientos que fugazmente cruzan por mi mente, logra colarse el de: Uno más para compartir el turrón de chocolate con almendras…

De pronto caigo en la cuenta de que es lunes. Como aquel día, hace meses, cuando fui yo quien irrumpió en la casa de mi viejo pastor. Hoy también es lunes… lunes, 25 de diciembre.

Miro de nuevo al ruborizado Tim que, recatado, se acerca a María y ante el desconcierto de mi esposa, y el mío también, besa su mano y a continuación se sienta y nos sonríe, y me da la impresión de que su sonrisa enciende mil luces en nuestro hogar.

Tal vez sea el color grana que tiñe sus mejillas, pero ese niño parece el adorno navideño que faltaba en nuestra casa. Ha tomado asiento y mantiene las piernas juntas, con los pies cruzados y las manos unidas sobre su regazo.

Aquel cuadro de genuina sencillez, excesiva timidez y cálido rubor me parece una copia exacta de mí mismo, sentado frente a mi viejo pastor y pidiendo, yo también, respuesta para mis preguntas. De inmediato me siento ligado a Tim, a tal punto que tomo la bandeja —¡la del turrón de chocolate!— y se la extiendo.

Vuelve a sonreír, y el pincel de su sonrisa dibuja cien veces la palabra ¡gracias! en el aire, mientras elige el pedazo más pequeño y lo lleva, con mano temblorosa, a su boca.

3

¿Curiosidad o necesidad?

En la vida hay tiempos en los que solo hay preguntas, y tiempos inesperados en los que llegan las respuestas.

—Anónimo

—¿Así que el relato acerca de nuestro viejo pastor te dio qué pensar? —lo interpelo.

—Mucho, señor —me enfoca de nuevo y por primera vez mantiene la mirada—. Mientras lo leía sentí... No sé... algo así como el cosquilleo de emociones que parecían estar dormidas y despertasen de nuevo.

—Me alegra mucho escuchar eso —reconozco—. Nunca sospeché que una narración tan sencilla pudiera causar ese efecto... No imaginé que la historia llegase a encender corazones.

—¡Eso es! —exclama sorpresivamente—. ¡A eso me refería! En mi corazón había brasas casi apagadas y ahora han vuelto a encenderse.

— Permíteme una sugerencia, Tim —es María. Lo mira con tanta fijeza como simpatía—: ahora que has despertado, no vuelvas a dormirte —y añade una frase que nos deja pensativos—: Demasiadas personas tienen sueño, por eso viven dormidas, y son pocas las que tienen un sueño que no les deja dormir.

—Quiero ser de los segundos —asegura con una deliciosa mezcla de osadía y sencillez.

—Entonces no te dejes acunar por la apatía —apunta María—. Vive despierto para perseguir tu sueño hasta alcanzarlo.

—Eso fue lo que me hizo venir hasta aquí —reconoce—. La verdad es que tengo varias preguntas...

—¡Pues dispara! —invito con total disposición—. Aquí estoy para responderlas.

—Bueno —la timidez retorna al rostro de Tim mientras introduce su mano derecha en el bolsillo del pantalón y extrae una hoja—. Como son varias preferí escribirlas para no olvidarme de ninguna. ¿Le importaría leerlas?

Tomo la hoja que me extiende, extrañado por tanta meticulosidad en un muchacho tan joven. Cuando empiezo a leer, mi extrañeza se transforma en asombro, y este da paso a la estupefacción.

—Disculpa, Tim —le digo—. ¿Te importa aguardar aquí un momento? —me dirijo entonces a mi esposa—: ¿puedes acompañarme, por favor?

Entramos en la cocina y cierro la puerta.

—¿Qué te ocurre? —pregunta María, extrañada.

—¿Has visto esta carta?

La toma y comienza a leerla, lo que me permite observar el reverso de la hoja.

—¡Ha utilizado papel desechable! —replico.

—¿Cómo dices?

—¡La hoja! —le digo—. ¡Es un viejo papel arrugado que usaron para jugar!

María gira el folio y repara en la sucesión de guiones sobre algunos de los cuales se escribió una letra: ___ O __ P_____A

—Creo que esto es lo que se conoce como «el juego del ahorcado» —explica—. Se trata de ir adivinando las letras que van sobre cada línea hasta completar la frase.

—Lo sé. Yo mismo he jugado esto en muchas ocasiones. Pero si ese muchacho siente el respeto que aparenta podría haberse molestado en buscar una hoja en buenas condiciones. Además —añado algo malhumorado—: debió encontrar este papel en el suelo, todavía conserva marcas de haber sido pisado...

—Tal vez sea ecologista —ríe María—. Acuérdate, reutilizar papel preserva la vida de los árboles...

—¿Ecologista? —interrogo con mordacidad—. Sí, por eso llegó con un tiesto debajo del brazo —señalo al mueble del recibidor, donde reposa la pequeña y desportillada maceta que Tim trajo consigo—. O tal vez sea un tacaño más inclinado al ahorro que al respeto —no salgo de mi asombro—. Me parece una falta de cortesía —mi frágil estado de ánimo me arrastra rápido a la impaciencia—. Además, ¿has leído lo que pone?

—Sí, hay una «P», también una «A», y poco más... —intentando distender el ambiente, ha leído en el reverso de la hoja y rompe luego en una sonora carcajada.

—Me refiero a sus preguntas, no estoy para bromas. Escucha —extiendo ante ella el manchado folio—, el chico me pide, y esto de entrada, que sea más explícito con respecto a las razones que me empujaron a la casa de mi viejo pastor. «Debió ser grave lo que le pasó —leo literalmente—: algo me dice que una gran crisis le hizo aventurarse en busca del anciano pastor. Necesito que me explique con detalle todos sus padecimientos». ¿A ti te parece normal? Sin dar lugar a una respuesta continúo: ¿Quién era su viejo pastor?, hábleme, por favor de Raquel, su esposa. ¿Cómo discurrió la enfermedad que se llevó a ese buen hombre...?

Giro la hoja hacia María y replico:

—Es una ametralladora que dispara preguntas. Quiere saberlo todo. Sobre mi viejo pastor y su casa, sobre el valioso memorando que contiene los quince principios, sobre Raquel, sobre la terrible enfermedad que le apartó de nosotros... Todo quiere saberlo —mi enfado sube de grado a medida que hablo—. ¿Sabes cómo le llamo a esto? —tampoco doy opción de que responda—. Nocivo interés por inmiscuirse en lo ajeno... y eso con mucha misericordia —aclaro—, porque otros lo definirían como síndrome agudo del cotilleo...

Ella, mucho más sensible que yo y con un discernimiento prodigioso, me invita a colocarme las gafas de la comprensión y leer de nuevo aquella carta:

—¿Y si necesita ayuda?

—¿Y si es un curioso de los que disfrutan entrometiéndose en todo para airear luego los problemas? —replico y, enseguida, añado—: ¿Has leído esta carta? —y para evitar que repita la broma de las iniciales sobre los guiones, continúo rápidamente—: ¿No te das cuenta de que lanza las preguntas una tras otra sin que parezca existir límite a su curiosidad? —entonces pronuncio mi veredicto—: a ese muchacho que se está comiendo mi turrón de chocolate, le carcome la curiosidad.

—O le consume la necesidad... —responde María con asombrosa calma.

No puedo evitar sentir admiración por ella; envidio su sensibilidad y su capacidad para ponerse en la piel de los demás y sentir compasión por los que sufren. Cubre con misericordia todo atisbo de sospecha.

—Mira —me dice sin perder la sonrisa—. Llámame cabezota si quieres, ya me acostumbré a escuchárselo a mi madre, pero creo que tras esa carta hay una gran necesidad —guarda un instante de silencio antes de recordarme— Nuestro viejo pastor no tuvo reparos en adoptarte como discípulo, ¿por qué te resulta tan difícil imitarlo?

Inspiro profundamente. Lo hago varias veces, hasta percibir que mis emociones se aplacan y el corazón se apacigua. Solo entonces doy cabida a la posibilidad que menciona María. Al mirarla percibo en su rostro preocupación.

—¿Sabes? —me dice—, cuando abriste la puerta y vi a ese muchacho —medita un instante en lo que quiere añadir—: no sé por qué, pero vino a mi mente la oración que hice anoche antes de irnos a dormir: Ven a nosotros, Jesús, ven a nuestro hogar en esta Navidad —María se ha emocionado y su emoción me contagia, pero logra concluir—: creo que en el origen de sus preguntas hay algo más que mera curiosidad.

Su preocupación despierta la mía y admito la opción de que entre pregunta y pregunta haya algo escondido. Respecto a lo que no tengo ninguna duda es que en ese niño que ha irrumpido en nuestra casa en la sobremesa de Navidad, hay algo diferente. Un rasgo indefinido que le hace especial.

De hecho, en ese momento regresa a mi memoria la reflexión que últimamente me ha quitado el sueño: Toda persona debería tener, al menos una vez en la vida, un mentor y un protegido.

¿Será Tim mi futuro protegido?, medito en ello, pero surge la duda: supongamos que sea así, ¿dónde encontraré, entonces, las fuerzas para ofrecerle protección?

Regresamos al salón y Tim nos mira sonriendo.

—Este turrón está delicioso —dice tomando otro pedazo.

Reparo en su mirada: es transparente y de color miel. Pienso en algunas criaturas angelicales, y en la coincidencia fonética de sus nombres: Gabriel, Miguel, Ariel... ¿Miel?... No, no cabe esa opción... a punto estoy de reírme; suena casi ridícula. Al otro lado de la ventana atardece.

El cielo se oscurece lentamente y las farolas de la calle comienzan a encenderse. Fuera hace frío y viento. Las hojas amarillo invernal de los abedules se liberan del pegajoso asfalto mojado, se alzan en el aire y, tras un breve vuelo, caen de nuevo sobre la alfombra gris y negruzca.

4

Otra visita inesperada

Haz lo que puedas, con lo que tengas, donde estés.

—THEODORE ROOSEVELT

Y deja los resultados a Dios.

Apenas nos hemos sentado cuando de nuevo suena el timbre de la puerta. María y yo nos miramos extrañados y es ella en esta ocasión quien se adelanta y acude a abrir.

—¡Raquel! —escucho desde el salón—. ¡Qué sorpresa!

Corro hacia la puerta y veo a Raquel y María abrazadas. Enseguida me uno al abrazo y a las exclamaciones de bienvenida.

—Esto sí que es un regalo de Navidad —digo con sinceridad—. Nos alegra muchísimo que haya venido.

—Me quedé pensando en vuestro ofrecimiento y me pareció una descortesía imperdonable rechazar la invitación de pasar al menos unas horas con vosotros.

—Pase, por favor. ¿Quiere un café? —le ofrece María.

Nada más entrar al salón se detiene, sorprendida, ante la imagen de aquel muchacho que se ha puesto en pie y le sonríe.

—Es Tim —le digo—, un amigo a quien acabamos de conocer.

—¡Hola! —, saluda el joven con cariño, y ante mi asombro le tiende la bandeja de los dulces—. Le recomiendo el turrón de chocolate, ¡está riquísimo...!

Mientras Raquel, sin salir de su sorpresa, toma un pedazo de turrón, Tim curva de nuevo la comisura de sus labios, logrando esta vez una deslumbrante sonrisa. La sobremesa se ha animado con la llegada de Raquel. Tim se ha vuelto más locuaz y María más habladora; hasta Raquel participa animadamente de las conversaciones e incluso ríe; pero yo... precisamente yo, que fui destinatario de todas las preguntas, estoy mudo.

Primero callo y observo, para después observar y callar. La visita de Raquel ha supuesto una estimulante sorpresa. La entrañable anciana está tocada de una gracia especial: aun desde el luto transmite vida; la impregna el espíritu que hizo de su esposo una poderosa compañía.

Al mirarla cómo ve y observar cómo sonríe, recuerdo la reflexión de Oscar Wilde: Lo menos frecuente en este mundo es vivir. La mayoría de la gente existe, eso es todo. Desde luego que Raquel no pertenece a esa mayoría, ni tampoco a la que describió Malcolm Forbes cuando aseveró: No eres viejo hasta que piensas que el futuro está detrás de ti.

Raquel no es así, en absoluto. Tiene un largo trecho a sus espaldas, pero mira hacia adelante, apoyándose en el pasado únicamente para avanzar y seguir sembrando vida en el camino.

Vuelvo a observar, uno a uno, a mis compañeros de esta peculiar sobremesa. Me siento feliz pero cada vez más intrigado. Esperaba un día de Navidad gris y anodino y, sin embargo, estoy rodeado de personas muy especiales.

Puede que Tim haya captado mi desconcierto pues girándose dice con espontaneidad:

—Pues sí, la historia de su viejo pastor me llegó muy adentro —pone la mano derecha a la altura de su corazón para enfatizarlo.

Yo solo acierto a asentir con la cabeza, mostrándole mi agrado, pero es María quien reacciona:

—Querido Tim, la dama que nos honra con su visita se llama Raquel —la aludida saluda con una leve inclinación de cabeza y María continúa—: Y es, nada más y nada menos, la mitad de nuestro viejo pastor. Fue su esposa y compañera de camino...

—¡No me digas! —La sorpresa lleva a Tim a tutearnos, cosa que no me desagrada, al contrario, me gusta.

Hasta ese momento, y aun cuando nos hemos dirigido varias veces a ella por su nombre, Tim no ha relacionado a Raquel con la historia que tanto le conmovió.

El muchacho se ha quedado estupefacto. La observa fijamente, con la boca abierta pero sin acertar a pronunciar palabra cuando, de repente, de la reservada profundidad de sus sentimientos aflora algo que no admite dilación. Se levanta y abraza a Raquel.

A todos nos sorprende su reacción y más aun que mantenga el abrazo unos segundos... y que termine besando con profundo respeto y evidente ternura la mejilla de Raquel.

La escena logra conmoverme, haciéndome evocar la imagen de una venerable abuela que recibe el regalo más valioso que su nieto le pueda ofrecer: su abrazo y su beso. En cuanto Tim se recupera de la sorpresa, las palabras brotan a trompicones de su boca quedándose enredadas en una telaraña de emociones.

—Entonces... ¿Usted...? Su esposo... ¿Vivió con él?

—Bueno... —Raquel intenta hablar, pero el gesto de Tim es tan peculiar que la anciana suelta una carcajada que nos envuelve a todos como un cálido manto de vida.

Ella se repone, pero Tim no lo logra y vuelve a preguntar.

—¿Vivió con él y pudo conocerle?

—Era mi esposo —Raquel se ha serenado y el respeto impregna sus palabras, aunque mantiene el gesto divertido—, así que la respuesta a tu primera pregunta es: sí, viví con él. Respecto a si llegué a conocerle... no estoy del todo segura, solo compartimos sesenta años...

Todos nos echamos a reír, pero el gesto de sorpresa, y ahora también de solemnidad, no se borra del rostro de Tim.

—¿Sabe, Raquel? —parece que, de golpe, todo el temor que sentía el niño se ha tornado en respeto y admiración. Cuando leí las historias que contaba su esposo, sus profundas reflexiones, aquellas frases tan arriesgadas y a la vez tan firmes... deseé tanto ser como él... —calla un instante, pero solo para tomar aire y enseguida continúa—: muchas noches, antes de dormir, leía párrafos de la historia y terminaba arrodillado, rogando que ese toque tan único que había sobre su vida pudiera estar en la mía.

Enarco una ceja, sorprendido. Hay algo en ese muchacho que me desconcierta. Un matiz difícil de describir pero fácil de detectar, que le hace diferente. Desde luego que no es ningún estúpido entrometido. Descarto absolutamente esa opción.

—No es a él a quien debes admirar —le previene la anciana con cariño—. Mi esposo fue solo un cauce. El valor no está en el conducto sino en lo que este transmite. El manantial... el origen del manantial es lo valioso, porque acercándote a él tú también hallarás agua —lo dice con tanta naturalidad como seguridad—. Nada le pertenecía: ni sabiduría, ni autoridad, ni unción... todo le fue prestado, y todo está a tu alcance.

—Es cierto, Tim —confirma María—, dices que quieres parecerte a nuestro viejo pastor. Pero si algo me cautivó de él fue que su carácter mostraba la esencia de Dios —y aclara—: nada de misticismo, ni auras impenetrables. Al contrario, recordaba a Dios en lo accesible. En lo firme, pero a la vez tierno, que podía llegar a ser.

—Así es —admito—. La descripción que hicieran de Abraham Lincoln encajaba en él perfectamente: un hombre de acero y a la vez de terciopelo.

—Era sencillamente sencillo —Raquel medita un instante—. ¡Qué bueno sería si los que dicen ser grandes siervos de Dios abandonasen sus castillos comprendiendo que afecta más un siervo cercano que un siervo grande!

—Y yo creo —es Tim quien ahora interviene— que no es lo mismo ser un siervo grande que ser un gran siervo.

—Estoy de acuerdo —replico con la única intención de no quedar fuera de juego, pues ya son varias las veces que las reflexiones de Tim me han dejado perplejo. No me encajan en un muchacho a quien considero muy joven todavía.

Raquel se inclina hacia Tim, e incluso posa su mano en el antebrazo del niño para exhortarle con ternura:

—Desarrolla en tu vida el carácter de Dios y así le mostrarás tal y como es: digno del trono más alto, pero al alcance del ser humano más sencillo...

Una atmósfera especial, casi sagrada, solemne pero agradable, se ha asentado en el salón. La quietud y la paz son casi tangibles.

No me importa que la mano de Tim, ya nada temblorosa, se aproxime una vez más a la bandeja de dulces y arrebate un pedazo de turrón de chocolate... ni me incomoda siquiera que ese fuera el último que quedaba.

—Tim —dice Raquel quebrando el silencio—, creo que Dios dirigió tus pasos hasta esta casa. ¿Querrías orar por nosotros?

Miro incrédulo a la anciana. Sin duda se ha equivocado. La edad traiciona provocando lapsus en los que uno dice lo que no pretende decir. Evidentemente la intención de Raquel es que nosotros oremos por el muchacho...

—¿Lo harás, por favor? —insiste, sin embargo—, ¿orarás por nosotros?

Mi desconcierto solo es superado por el de Tim que, movido por el respeto e incapaz de decir no al pedido de Raquel, inicia con voz tan trémula como sus manos que vuelven a estremecerse, una deliciosa oración que a todos nos conmueve.

Os lo aseguro, mientras aquel niño le habla a Dios, Dios comienza a hablarme a mí. A medida que la temblorosa voz de Tim asciende, la presencia de Dios desciende. Nunca antes he tenido una seguridad tan firme de que en el centro de mi hogar se ha erigido un altar, ni jamás estuve tan seguro de que, sobre ese altar, Dios se ha hecho presente.

Dos cosas ocupan mi mente: la oración de mi esposa: Ven a nosotros, Jesús, ven a nuestro hogar en esta Navidad. Y la realidad incuestionable de que la presencia más poderosa ha descendido mientras la voz más frágil: la de un muchacho que viste un abrigo demasiado grande pero que tiene un anhelo de Dios más grande aún, lo pedía.

No me cabe la menor duda: la oración tiene respuesta, porque un fuego reconfortante y purificador inunda mi corazón; el combustible es la humildad... la que irradia una anciana pidiendo la oración de un niño... la que desprende ese niño, orando con temor por Raquel... y por mi esposa... y también por mí.

Cuando Tim concluye casi puedo escuchar a un coro de ángeles sellando con su amén esa oración.

5

El viejo pastor

No busques ser alguien conocido, sino alguien a quien merezca
la pena conocer.

—Anónimo

Ha comenzado a anochecer cuando Tim me pregunta:

—Dígame, ¿por qué en su libro no mencionó el nombre del viejo pastor?,
no lo hace ni una vez en toda la historia.

—Te contestaré después de que lo hagas tú —bromeo—. ¿Por qué vuelves a tratarme de usted?, ¿acaso no sabes que eso me hace sentir muy, pero
muy mayor...?

Todos ríen y Raquel me pregunta:

—¿Te importa que sea yo quien responda?

Asiento con intriga. Nunca le expliqué, ni ella preguntó, la razón de que
su marido quedara sumido en el anonimato.

—Estoy convencida —hay seguridad en su voz— de que el viejo pastor
carece de nombre de forma totalmente intencionada. En la narración ocul-
tas la identidad de mi esposo porque, de haber sido riguroso, en ese nombre

tendrías que haber enlazado el de cientos, tal vez miles de viejos pastores, hombres y mujeres, que lo dieron... —hace una breve pausa para matizar—, que lo siguen dando todo por amor. No conciben su vida sino como un acto de servicio, para Dios en primer lugar y también para sus semejantes —esboza una sonrisa y pregunta—: ¿Acerté?

—Absolutamente —admito sorprendido—. Yo no lo habría explicado mejor —me dirijo entonces a Tim para retomar su reflexión de hace unos minutos—: los verdaderos grandes siervos, jamás admitirán tal título, porque saben bien que esa expresión es, en sí misma, una incoherencia —y aclaro—: ambos conceptos son excluyentes. ¿Me entiendes? —sé que lo entiende... lo sabe, incluso, mejor que yo, pero hago una pausa hasta que asiente con la cabeza, y entonces continúo—: no es posible ser grande y a la vez siervo. Son términos incompatibles: debo elegir entre ser lo uno o lo otro.

—Pero sí es posible —aclara María— desplegar un gran servicio a partir de la sencillez.

—A eso me refería —aclara Tim— cuando dije que no cabe la posibilidad de ser un siervo grande, pero sí la de ser un gran siervo. Entendiendo por gran siervo a una persona que, con gran humildad, despliega un gran servicio.

—Desde luego que sí —admito reflexivo.

—Entonces —interviene Tim—, hay seres humanos que son anónimos en la tierra pero conocidos en el cielo. Sus nombres no figuran en las listas de notables de aquí abajo, pero los ángeles les respetan allí arriba. Desconocidos en la tierra, pero reconocidos en el cielo —y concluye—: porque tuvieron el supremo acierto: darlo todo para Dios, en el tiempo de Dios, a la manera de Dios y para la sola gloria de Dios.

Cuando Tim concluye se hace el silencio. No hay nada que añadir... nadie puede añadir nada. Comienzo a dudar de qué o quién será ese muchacho que por su aspecto parece estar empezando a vivir, pero por sus palabras y profundas reflexiones parece haber apurado mil vidas. Necesito salir de dudas.

—¿Qué edad tienes, Tim?

—Pronto cumpliré los dieciséis —en el tono de su voz se aprecia la satisfacción del adolescente que anuncia que pronto dejará de serlo. Ha retornado el Tim infantil que hace unas horas llamó a mi puerta, cuyo desdoblamiento de personalidad me mantiene perplejo.

—Pues sí —aclaro en un intento por salir de mi desconcierto—, esa es la razón de que en la historia no aparezca el nombre de mi viejo pastor...

—Y sospecho algo más —interrumpe Raquel—: algo me dice que ese es también el motivo de que omitas tu nombre, aunque la historia es, en buena parte, autobiográfica.

—Me habéis pillado —admito—. Si hubiera dado una identidad al discípulo la lista de nombres habría sido interminable. Somos muchos los que tuvimos la oportunidad de crecer a la sombra de gigantescos robles. Árboles poderosos que aceptaron guarecernos mientras nos arraigábamos y echábamos tronco y ramas, y tal vez algo de fruto.

—La relación de discípulos es inagotable —refuerza María—, y seguirá creciendo mientras haya mentores dispuestos a invertir su vida en servir y compartir la sabiduría que surge de la experiencia.

De nuevo se instala el silencio en el salón hasta que Tim me mira. Su gesto no deja lugar a dudas: aquí viene otra pregunta. Me preparo interiormente para encajar su interrogante... y entonces dispara:

—¿No tienes más turrón de chocolate?

Y me extiende la bandeja vacía.

6

Diagnóstico: Burnout

«*Pueden quitárnoslo todo, pero jamás podrán quitarnos la libertad de decidir cómo enfrentarnos a la adversidad. No podemos elegir la adversidad pero sí poseemos la libertad de decidir cómo enfrentarla*».

—Víctor Frankl (por el único hecho de ser judío, estuvo preso desde 1942 a 1945 en varios campos de concentración nazis como Auschwitz y Dachau, verdaderos paradigmas del horror. Sobrevivió milagrosamente y poco después escribiría: «Nadie tiene derecho a cometer injusticias. Ni siquiera el que fue tratado injustamente».)

—Una cosa más —dice Tim saboreando una nueva porción de mi turrón favorito—. ¿Qué fue lo que le…? Perdón… ¿Qué fue lo que te ocurrió exactamente? Hablas de una crisis, pero creo que no fue un problema cualquiera el que te hizo acudir en busca de tu pastor…

Ha reconducido hábilmente la conversación hacia el famoso formulario que trajo a casa y que yo guardo en el bolsillo del pantalón.

—Así que estás empeñado en que te lo cuente todo, ¿verdad?

—Por fa…—el niño ha retornado y por un momento le veo como al hijo que no tengo.

Miro a María y después a Raquel, ambas asienten con la cabeza invitándome a abrir mi corazón para que Tim participe de los hechos, tan duros como reales, que me arrastraron hasta aquella blanca casa levantada en el centro de la nada y protegida por la quietud más perfecta.

—Está bien —admito—. Empecemos sin más dilación. ¿Por dónde lo hacemos?

—¿Qué te parece por el principio? —ríe María—. ¿Por dónde si no?

—Romperé la norma —advierto—. Voy a iniciar el relato de los acontecimientos por ese instante, a mitad de camino, cuando estaba sentado frente a ella.

—¿Frente a ella? —interroga Tim.

—La doctora —aclara María, que conoce el camino perfectamente, pues lo está recorriendo a mi lado.[1]

—Tengo su diagnóstico —la doctora estaba acodada en la mesa, con sus dos manos unidas solo por la punta de los dedos. Alguien me dijo que en el lenguaje no verbal esa posición denota seguridad; y eso era lo que advertía en sus palabras, y también en su mirada que me enfocaba fijamente. Eché de menos, sin embargo, un poco de empatía, y creo que ella lo notó pues intentó sonreír mientras añadía—: los estudios a que le hemos sometido arrojan luz suficiente para hacer un diagnóstico sin posibilidad de error.

Adelante, pensé mientras me aferraba, como a un clavo ardiendo, a la levísima simpatía que curvaba sus labios y chispeaba en sus ojos. No puede ser tan malo, reflexioné, los comunicados negros no vienen hilvanados en una sonrisa.

—Usted está quemado —eso no era una respuesta sino un disparo y la terapeuta gozaba de buena puntería. La munición había acertado justo en mi corazón.

Resulta difícil ser más concreto pero estaba convencido de que se podía ser más claro. Me mantuve un instante en silencio, esperando que tuviera algo que añadir, pero ante su mutismo opté por preguntar:

—¿Podría explicarme las connotaciones de ese diagnóstico?

—Efecto burning —dijo, y luego pretendió traducirlo al añadir—: lo que habitualmente se conoce como síndrome de burnout.

¿Por qué algunos profesionales, a quienes se les supone una inteligencia superior al promedio, tienen tanta dificultad para entender las preguntas más sencillas? Lo único que yo había solicitado era una aclaración de mi diagnóstico. Que me dijera qué me ocurría. Que me explicara, de una vez por todas, la razón por la que hacía semanas que estaba más muerto que vivo, que sufría ataques constantes de ansiedad y deseo continuo de tirar la toalla y abandonarlo todo...

Eso era lo que yo necesitaba: que aquella facultativa de rostro pétreo y dedos unidos, como si rezara, me desvelara el motivo por el que desde hacía meses me encontraba —¿o más bien no me encontraba?— absolutamente abatido. Que hacía como que hacía —incluso podía parecer que hacía—, pero tenía en otro sitio la cabeza.

Y lo peor es que no tenía ni idea de en qué sitio la tenía. Intentaba escribir y se me iban las ganas. Tropezaba con las palabras; se me atragantaban las ideas. Iba a leer, y leía páginas y más páginas sin enterarme de lo que había leído. Miraba al mundo real y lo veía deforme, confuso y alejado. Miraba hacia mi interior y me daba vértigo, y sentía náuseas como si me asomase a un pozo demasiado profundo.

Si observaba el trecho recorrido me embargaba la pena... si miraba el trecho frente a mí, era el pánico lo que me atenazaba. ¿Síndrome de burnout? ¡Dime qué me pasa!, rogué para mis adentros, lo que yo necesito es una respuesta, y no una exhibición en el dominio de idiomas.

Estoy seguro de que mi rostro reflejaba la cruda batalla que se libraba en mi interior; el de ella, sin embargo, no mostró emoción alguna, pero al menos logré que arrojase un poco de luz al confuso diagnóstico que había derramado sobre la mesa.

—El trabajo que usted ha desarrollado en los últimos años implica un sinfín de elementos de estrés directo e indirecto —explicó—. Este hecho, unido a su personalidad asombrosamente permeable, ha hecho añicos sus defensas emocionales —me observó un instante para asegurarse de que la seguía, y entonces continuó—: al parecer cada una de las situaciones que ha enfrentado, cada crisis que tuvo que gestionar, consiguieron calar en su interior y ahora tiene ahí —señaló a mi pecho, más o menos a la altura del corazón— un auténtico nido de basura. El efecto es parecido al de una olla a presión que, sometida a sobrecarga y excesivo calor, termina por estallar —entrelazó los dedos y apoyó la barbilla en sus pulgares, entonces sí, concluyó—: la suya... su olla a presión, ha estallado.

Mi corazón ya no solo estaba perforado... ahora se me había caído a los pies.

—¿Y? —no lo dije con malicia; no era la típica pregunta que uno suelta para desconcertar al interlocutor... era un ruego desesperado; una dramática súplica para que pasáramos del capítulo de los problemas al de las soluciones.

Mi temor subió de grado al comprobar que su sonrisa desaparecía en la continuación del discurso.

—Si sigue sometido a la misma presión —quiso recalcarlo—: si no efectúa un cambio radical en el ejercicio de su profesión o en la manera en que lo ejecuta, los resultados serán nefastos —y confesó—: no estoy en condiciones de calcularlo a priori, pero le aseguro que podría verse sumido en un pozo muy profundo.

—Soy pastor evangélico —me pareció importante aclararle que no tenía delante a un astronauta, ni a un ingeniero en biología molecular, ni al presidente del gobierno de una nación.

—Lo sé —replicó—. Como sé también que lleva usted muchos años implicado en una lucha sin tregua, en primera línea de fuego y sin la protección adecuada.

— ¿Qué quiere decir? —Y reconocí—: estoy en medio de algo que no entiendo. ¿Qué puedo hacer?

—Solo usted puede decidirlo —admitió—. La ética profesional me impide ir más allá de la mera sugerencia.

—Sugiérame, por favor.

—Le recomiendo retirarse de la primera línea de fuego y adquirir un buen escudo protector si pretende seguir en la lucha...

Un silencio pesado se adueñó de la pequeña sala. Yo reflexionaba y ella me concedía el tiempo para hacerlo. Pasado un rato decidió hacer añicos la quietud con el broche que puso a la sesión:

—Le repito que está usted quemado y el único antídoto para ese mal se llama reposo, sobre todo mental y emocional —me alivió, aunque solo un poco, que una sonrisa adornara el rostro de la doctora y que cubriera sus últimas palabras con una pátina de humanidad—: Un periodo de descanso le hará mucho bien. Seguramente obrará como el viento en un cielo cubierto de nubes. El sol asomará de nuevo y tendrá luz para tomar las decisiones adecuadas. No es ahora tiempo de acometer cambios. Descanse, recupérese y, entonces sí, decida el camino a seguir.

El giro bucólico y romántico que aplicó a su discurso me pareció elegante, pero no era suficiente escalera para salir de mi hoyo.

—¿En qué ocuparé mis días? —acostumbrado a un ritmo vertiginoso temí que un frenazo en seco me pulverizara.

—Haga deporte, camine mucho, siembre tomates, escuche música —y aclaró—: música relajante, todo lo relacionado con el género musical happy hardcore, queda prohibido. También le vendrá de maravilla comer buen jamón… siempre que pueda permitírselo —¡la dama de hierro había bromeado!—. Y lea mucho si eso le relaja…—añadió estropeando el buen clima que su broma había dejado.

—¿Leer? —interrumpí—. Escuche, toda mi vida he sido un ratón de biblioteca. La cabeza me dolía si pasaba más de dos horas sin leer. La sala de espera de un médico era para mí un infierno sin un buen libro en la mano; un trayecto en tren se me hacía insufrible si no lo hacía leyendo —me alteré… me exalté demasiado y de forma improcedente—: Toda mi vida he leído, pero ahora no puedo hacerlo. ¿Acaso no lo entiende?, aun la Biblia que es mi libro de cabecera y mi alimento vital… aun la Biblia —repetí—, debo hacer un férreo esfuerzo por leerla. Algo se ha metido aquí adentro —con mi mano derecha di dos toques en mi cabeza—, que no deja que entre nada más… Soy incapaz de sacar sentido a lo que leo; he perdido toda la capacidad de concentración.

Mi larguísimo y exaltado discurso logró que algún músculo en el rostro de la doctora adquiriera movimiento. Aseguraría, incluso, que se conmovió. Pero puso mucho cuidado en que su voz no la delatara.

—Aléjese, por ahora, de lecturas serias —fue categórica—. Lea tebeos [revistas de farándula]. ¿Tiene comics de Mortadelo y Filemón? ¿Zipi y Zape...? Prohibido algo más profundo que los héroes de Marvel. Orden de alejamiento de Platón, Sócrates y del profeta Jeremías.

Su ironía era finísima, pero salí de allí con una mezcla de sensaciones entre las que prevalecía el desconcierto.

Burn out syndrome, pensé. Síndrome del quemado. Muchas veces lo había escuchado, y también lo había leído. Pero jamás lo había vivido.

Hasta ahora... Ahora lo estaba viviendo.

7

Alerta amarilla

*Cuando pases por las aguas, yo estaré contigo; y si por los ríos,
no te anegarán. Cuando pases por el fuego, no te quemarás, ni
la llama arderá en ti.*

—Isaías 43.2

Burnout tiene la connotación de quemarse, me dijo la doctora, y eso encajaba en, y aclaraba además, los acontecimientos en los que me había visto implicado en los últimos meses.

Rememoré los momentos y, en especial las sensaciones, que desde hacía tiempo me llevaron a asumir que algo no marchaba bien… algo me ocurría y no parecía ser bueno.

Gritos de advertencia que me negué a escuchar. Síntomas elocuentes que ignoré por largo tiempo… hasta que la olla a presión decidió estallar.

¿Cuál fue la primera luz de alarma? Tal vez esa sensación de vértigo que con la primera luz del día me asaltaba. Una especie de vuelco en el estómago similar al producido por un sobresalto. Solo que mi estómago se estremecía sin ninguna razón aparente.

Luego vino el permanente estado de alerta. Un desasosiego constante me impedía estar tranquilo. Era un mal presagio, como una perenne sensación de alarma que se pegó a mí negándose a abandonarme. ¿Cómo lo explicaría? La sensación era similar a la que uno tiene cuando hay algo urgentísimo que atender, un tema inaplazable cuyo descuido desencadenará una crisis; sin embargo no se localiza qué tema es… no se logra identificarlo, pero la urgencia quema.

Descubrí entonces que era incapaz de dejar la mente en blanco. Conceder una tregua al pensamiento, brindarle un tiempo de reposo, eran opciones vetadas. La rotativa de mi cerebro giraba constantemente, a un ritmo febril e imprimiendo de continuo notas tan oscuras como crespones negros.

Casi simultáneamente empecé a constatar que lo más irrelevante adquiría la dimensión de tragedia. Cosas que en otro tiempo ocuparon la categoría de trivial —una mirada, una respuesta, un silencio, un gesto, una mínima acción u omisión— se convertían ahora en graves agresiones. El problema se agravaba cuando me empeñaba en tildar de intencionadas todas esas actitudes y concebirlas como ataques hacia mi persona. Entonces sufría y hacía sufrir también.

Además, magnificaba lo malo y subestimaba lo bueno. No solo era incapaz de dejar la mente en blanco, tampoco podía ocuparla en algo relajante. Lo intentaba. Es más, me esforzaba en ello con toda mi alma, pero las cien opciones de evasión… los miles de asuntos distendidos que nos ofrece la vida, huían de mi pensamiento acosado de continuo por preocupaciones.

Y ese terrible sentimiento de culpa que me asaltaba en cuanto intentaba entregarme a un tiempo de ocio. Tanto por hacer, pensaba entonces, y yo aquí, malgastando el tiempo con esta película o en este paseo. Eran luces. «Chivatos», chismosos que se encendían en el salpicadero de mi coche, advirtiéndome de que algo fallaba en el motor.

Muy pronto llegó la dificultad para conciliar el sueño, por lo que sucesivas noches en vela me abocaron a la necesidad de inducirlo con la ayuda de fármacos. Un ser humano puede pasar tres días sin beber y hasta cuarenta sin comer, pero setenta y dos horas sin dormir es el límite a partir del cual se fragua la tragedia en la mente y en el sistema emocional de una persona.

Mi preocupación subió de grado cuando ni siquiera los fármacos me adormecían y se hizo necesario elegir entre dos opciones: aumentar la dosis o pasar insomne la vigilia.

Pero el suma y sigue continuaba, porque el escaso tiempo en que dormía se vio saturado por sueños inquietantes, y fue entonces cuando, como pájaros negros, aparecieron las primeras pesadillas. En muchas de ellas revivía, con estremecedor realismo, algunos de los momentos más duros de mi ejercicio pastoral. Durante el día trataba de eliminar o de apartar de mi mente todos los motivos graves de temor y de preocupación. Ellos, olvidados pero no muertos, comparecían por su cuenta al llegar la noche; se lanzaban contra mí en son de guerra, me golpeaban con sus alas, rasgaban el aire con violencia en torno a mi cabeza, y me herían, me herían...

Algún cortocircuito en mi mente activó una memoria cruelmente selectiva que extraía de mi recuerdo los peores momentos, los más duros e ingratos... entonces los revivía en mis largas noches y en mis breves sueños, hasta que despertaba jadeante como si hubiese corrido, para huir de ellos, un trecho interminable. Pero siempre me alcanzaban.

Era asombrosa... casi sobrenatural, la forma en que escenas vividas años atrás, y que yo creía olvidadas, se reproducían ahora en ese duerme y vela siniestro. Resurgían con todo lujo de detalles, nombres y apellidos, pelos y señales —me di cuenta entonces de que nuestra mente es un prodigioso banco de memoria en el que hacemos depósitos cada día. Todos los ingresos que allí realizamos quedan registrados en forma de recuerdos y condicionarán nuestra vida—. La memoria es una gran traidora, dijo Anäis Nin. Y yo pude comprobarlo, pues despertando de esos sueños sentía que las viejas cicatrices se reblandecían, los puntos de sutura saltaban y se abría de nuevo la herida.

Los recuerdos eran más fuertes que yo; se alineaban, aguardando turno, ansiosos por asaltar mi mente. Entonces no dormía, y si dormía soñaba, y si soñaba no quería ya dormir... No era algo para lo que estuviera preparado. Me pilló de improviso y totalmente desarmado.

Noches así, irremediablemente, daban a luz días nefastos. Mi estado de ánimo se alteraba y la irritabilidad se disparaba. Llegó a florecer, como una cruel enredadera, un sentimiento de hostilidad indiscriminada. Miraba a casi todos con recelo sintiéndome, yo mismo, blanco del recelo de la especie humana.

El mundo no me era amigo. Parecía haber contraído una deuda con el ser humano. No sabía a ciencia cierta qué le debía, ni a quién… en realidad me sentía deudor de todos y carecía de capital para afrontar la hipoteca, cualquiera que esta fuera.

¡Y qué decir de los errores que inevitablemente se cometen!

Magnificaba mis fallos y era ciego a mis logros. No hallaba mérito en nada de lo que hiciera. Siempre podía haberlo hecho mejor… siempre hubo otra opción superior a la elegida.

«Me he equivocado». Una sentencia tan breve, pero a la vez tan fuerte, clara y atemorizadora. Si uno osa repetirla varias veces, es fácil que sucumba bajo el peso de su asedio.

Y el síndrome del trabajo infinito. Me agobiaba la impresión de que nunca cerraba un tema, ni daba por bien concluido un asunto. Y si lograba poner un broche, no había ni un minuto para celebrarlo, pues saltaba sobre mis hombros la inmensa lista de tareas pendientes.

¿Has soñado alguna vez que necesitas correr y no puedes? Intentas huir de un peligro inminente, pero no logras moverte. Pones en el esfuerzo cada gramo de estímulo, pero no consigues avanzar ni un milímetro.

Algo así… demasiado parecido a eso, era lo que sentía: la sensación de no parar y de estar, a la vez, parado. Sentirme cansado; con las fuerzas agotadas, pero no encontrar, por más que rebuscase en cada rincón de mi espacio, el fruto de aquel esfuerzo.

¡Y la Biblia! ¡Se me hacía difícil su lectura! No era negligencia, sino incapacidad. No había en mí rebeldía, era pura imposibilidad.

Ese libro que siempre fue mi deleite. Un depósito de agua fresca, de continuo cristalina, y al que recurría cada día para calmar mi sed… y que jamás me defraudó. Un cofre que cada jornada me sorprendía con nuevas joyas y riquezas insondables… siempre nuevas… siempre únicas… Ahora no me atraía.

Ni tampoco mi altar privado, el rincón donde Dios me expresaba confidencias y yo a Él todo mi amor. Impulsado por férrea disciplina me aproximaba a la fuente, pero por más que girase la llave no se escurría ni una gota. Ahora entiendo que el problema no era la fuente… era mi mente… estaba saturada.

Lo entiendo ahora pero entonces no era capaz de comprenderlo, y esa incapacidad daba alas a mi culpabilidad, y sintiéndome culpable, me concebía, además, miserable.

Así, con mis defensas tan bajas, la tentación acosaba. Cuando la gran presión nos oprime nuestras defensas están bajo mínimos.

Debilitado el espíritu la carne tiende a asumir el control.

Recurrí a una disciplina radical para no sucumbir. Gracias a Dios que acerté en mi empeño por pegarme más a Él y vivir más y más cerca de mi esposa. De ese modo mi atroz enemigo no consiguió ventaja.

Pero tantas emociones, y todas ellas tan extrañas, me hacían sentir culpable. Era juez y parte contra mí mismo. Me juzgaba y condenaba, pero veía en los demás al tribunal que me imputaba.

Probablemente uno de los sentimientos más nocivos que existen: la culpa.

No me concebía como víctima… me sentía yo el verdugo.

Entonces se hacía muy difícil enfrentar la cotidianeidad de la vida. Cada día se hacía más difícil salir de la cama. Tenía miedo de incorporarme y salir del amparo protector de mis cuatro paredes. Al otro lado de la puerta estaban ellos, y sus problemas, y también los míos… flotando en medio de una dimensión atroz que podía terminar siendo un volcán.

Ahora lo veo claro —reflexionaba de camino a casa, meditando en el veredicto de la doctora—. Eran alarmas. Luces de advertencia que se encendían en el salpicadero de mi vida. Gritos silenciosos que me urgían a detener el motor y estacionar de inmediato en el arcén.

8

¡Alerta roja!

En descanso y en reposo seréis salvos; en quietud y en confianza
será vuestra fortaleza.

—ISAÍAS 30.15

Ignoradas las alarmas amarillas comenzaron a activarse las rojas. Frecuentes arritmias en las que el corazón se volvía anárquico, adquirían un ritmo arbitrario y bombeaban de forma caprichosa.

Esto se complicaba cuando corazón y pulmones se aliaban en mi contra. Entonces el simple hecho de respirar era un reto insuperable. Inspiraba con todas mis fuerzas, pero algo del tamaño de un camión de cinco ejes obstruía mis vías respiratorias impidiendo el acceso de aire a los pulmones.

Cuando esa tormenta arreciaba solo podía recostarme y aguardar a que la batalla me concediese una tregua. Obtenida esta, volvía a mi actividad. Hasta aquel día en que el temporal no amainó. Lejos de eso, la guerra que se libraba en mis entrañas se recrudeció por momentos. Tanto tardó la tregua que pensé que no vendría.

Entonces me sentí morir.

Aquella tarde terminaba de prepararme para acudir a una reunión mientras mi esposa atendía una llamada telefónica. De repente y sin previo aviso, mi corazón se aceleró.

Ya llegó la dichosa anarquía a mi sistema coronario, pensé con fastidio.

Allí estaba mi corazón, sacudiéndose a su aire, como una banda sinfónica orquestada por una batuta loca. Pero en esta ocasión, de la mano de la taquicardia llegaron nuevos síntomas: mis manos; las miré con sorpresa y enseguida con estupor; temblaban como yo nunca había visto... como poseídas por un Parkinson fulminante.

Una cinta invisible de hierro me apretaba cada vez con más fuerza la cabeza, por encima de las orejas; el dolor me impedía pensar con claridad. Sentí una rigidez espantosa en la nuca. Y la respiración —más bien la no respiración—, noté que me ahogaba.

Inspiré profundamente una y otra vez —lo hice con fuerza y poniendo en el empeño todos mis sentidos—, pero el camión de cinco ejes se había cruzado y era imposible retirarlo de la vía.

Tumbado se pasará, pensé. Y recurrí al sillón. Fue un error fatal. Apenas mi espalda tocó el respaldo cuando los síntomas se dispararon.

La presión en el pecho —eso era nuevo: un nuevo número en el circo que se había levantado bajo mis costillas— terminó de angustiarme. ¿Quien había colocado un piano de cola sobre mi tórax? ¿Quién dio la autorización para que cien gordos se subieran sobre el piano? Me incorporé de un salto y completamente angustiado.

En ese instante las percibí: un millón de hormigas corrían bajo mi piel. Primero alcanzaron mis brazos y enseguida invadieron mis piernas. Corrían enloquecidas, provocando un cosquilleo desquiciante y robando a su paso la escasa estabilidad que aún tenía. No podía estar tumbado ni sentado tampoco.

Supe que iba a derrumbarme, por lo que busqué a mi esposa con desesperación, dejándome guiar por el sonido de su voz que aún replicaba al teléfono.

Frente a ella —nunca la había visto tan alta, o yo tan pequeñito— con los dedos índice y corazón emulé el movimiento de una tijera, suplicándole que cortara la conversación. No necesitó ver mis manos... el primer vistazo a mi rostro obró de forma fulminante y colgó el teléfono de inmediato.

El siguiente recuerdo que tengo la muestra a ella esforzándose por conducir y a mí luchando por respirar. Mi esposa presionaba el acelerador del automóvil con la misma fuerza con la que algo —o alguien— empujaba mi pecho. Vivíamos cerca del ambulatorio, ¿por qué, entonces, no llegábamos? ¿Quién lo había desplazado, precisamente hoy, al otro extremo de la tierra?

Por más que el coche ganaba velocidad, siempre mi corazón iba en cabeza, aumentando por momentos su celeridad. Fue en el momento preciso en que, con un hilo de voz, pregunté: «¿Llegamos?», cuando un incendio se declaró en mis entrañas.

Mi corazón se convirtió de repente en una antorcha. Fuego puro me quemaba e irradiaba calor hacia mis brazos, desde el hombro hasta las uñas.

La secuencia se repetía con leves intervalos en los que me sentía resucitar para volver enseguida a morir… el calor recorría mis venas, como si un río de lava hubiera inundado mis arterias, mientras una opresión violenta ya casi me ahogaba.

De forma espontánea —típico de la sinrazón de los momentos más desesperados— vino a mi mente la secuencia de un juicio al que asistí a través de la pantalla del televisor. Durante el larguísimo trayecto al cercano servicio de urgencias, reviví la intervención de un letrado que intentaba salvar la piel de un reo condenado a muerte.

El discurso del abogado se reprodujo en mi mente con todo lujo de detalles:

—La pena de muerte —decía el letrado—, no es nada nuevo. Lleva siglos funcionando. Hemos enterrado a gente viva, les hemos cercenado la cabeza, les hemos quemado vivos… Todos ellos espectáculos horribles. En este siglo hemos desarrollado métodos más humanitarios para aniquilar a la gente que no nos gusta: les hemos fusilado, les hemos conducido a la cámara de gas… Pero ahora —el defensor hizo aquí un ademán de expectación y aplicó a su voz una cadencia y modulación muy calculadas, lo que logró, si es que ya no la tenía, la atención de toda la sala. Pronunció entonces la siguiente frase haciendo pausas estratégicas de modo que ni una letra ni una tilde quedaron en el aire. Hasta su respiración fue absorbida por la mente del jurado—: hemos desarrollado un método que es el más humanitario de

37

todos: la inyección letal. Atamos al condenado, le anestesiamos con la inyección número uno, luego le inyectamos la segunda para que sus pulmones se paralicen y, por fin, la tercera para que le pare el corazón.

»Le abatimos igual que a un caballo viejo. Su cara se relaja mientras por dentro sus órganos luchan por sobrevivir. Los músculos de su cara se retorcerían, pero la inyección número uno le relaja para que no asistamos a un cruel espectáculo. Así no sentimos su sangre sobre nuestras conciencias. Porque mientras los órganos del condenado se retuercen y estrangulan, estamos tranquilos... asentimos y decimos: "Se ha hecho justicia"».

Toda la película se reprodujo en mi mente durante un trayecto no superior a cinco kilómetros. Recordé también que, por desdicha, la perfecta defensa de ese letrado no produjo el efecto esperado y el reo fue ejecutado. Poco antes de recibir la inyección letal el propio reo confesaba sus temores al martirio: «He leído que los pulmones sufren como si fueran aplastados por las ruedas de un camión... tengo miedo».

Lo peor es que en ese instante yo me sentí bajo la piel del condenado. Era yo quien ahora sentía cómo mis órganos ardían y se retorcían... y cómo mis pulmones parecían colapsar.

La pregunta que me agobiaba era: ¿Cómo terminará mi caso? ¿Tendré una defensa adecuada? ¿Habrá para mí misericordia?

Tú, que me escuchas relatarlo, sabes que no llegué a sucumbir, de otro modo no estaría haciéndote partícipe de mi historia; pero en ese momento... pisando aquel abismo, no conocía el fin de la película que protagonizaba, y se alzó mi perfil más pesimista tomando control de la situación y calculando el peor desenlace posible.

Sentí un poco de alivio —tan solo un poco— cuando mi esposa detuvo el automóvil frente a las instalaciones clínicas. Más a rastras que andando, apoyado en ella —siempre apoyado en ella...— logré alcanzar una silla y segundos después una camilla del servicio médico de urgencias.

En ese momento el dolor me envolvía por todas partes, hasta que lo fue todo.

Sentía que iba a morir...

Sabía que iba a morir...

Ahora, rememorando lo vivido, las palabras de la doctora hacían eco en la bóveda de mi mente: síndrome de burnout... efecto burning... quemado... está usted quemado...

Era la descripción exacta de lo que había sentido... mi corazón era una antorcha y mi interior un campo sin desbrozar que ardía sin tregua.

(La pregunta que desde entonces me ha asaltado mil veces es: De acuerdo, estoy quemado, pero, ¿podrá Dios hacer algo con las cenizas?)

Tumbado en la camilla mantuve mis ojos cerrados, siempre me espantaron los muertos que mantienen sus ojos abiertos. Mientras una enfermera introducía una pastilla bajo mi lengua, otras dos me cubrían el tórax de ventosas y colocaban pinzas metálicas en los dedos de mis manos.

Del fuego ardiente pasé al frío. Un frío irracional. No importaba ahora —casi nada importaba en ese momento—, pero dolía. Estaba aterido y temblaba de tal modo que mis dientes chocaban produciendo el mismo ruido que unas castañuelas en pleno uso. Enseguida mis piernas se sumaron al baile rebotando sin compás en la superficie acolchada de la camilla.

Ya no sabía si tiritaba o convulsionaba. Y con el frío se incrementó el miedo... fugazmente recordé el momento en que besé la frente sin vida de mi abuelita. Desde ese instante ya siempre relacioné la muerte con el hielo... como el que ahora parecía cubrirme como una manta que me hacía tiritar.

Repitieron tres veces el electrocardiograma, pues daba valores confusos y, finalmente, me remitieron al hospital. Allí reiniciaron la secuencia repitiéndola cuatro veces antes de dar respuesta a la pregunta que debí formularles al menos en diez ocasiones: ¿Qué le pasa a mi corazón?

—Está intacto —aseguraron, y esas palabras tuvieron un efecto resucitador, aunque enseguida añadieron—: pero en este momento bombea ciento setenta veces por minuto... por más que esté sano no puede tolerar ese ritmo por mucho tiempo.

Poco a poco percibí la lenta operación de los sedantes y que recuperaba la quietud, al mismo tiempo que un dulce sopor me envolvía. Respiré profundamente... y descubrí que respiraba.

Di entonces gracias a Dios por los ángeles que lograron retirar el camión que obstruía mis vías respiratorias. Algo tan sencillo como respirar; un acto instintivo que realizamos millones de veces cada día... pero en ese momento me pareció un milagro... un tesoro de valor incalculable.

Hago, por fin, una pausa en la narración y miró a mis pacientes oyentes. Mi discurso ha sido largo... larguísimo, sin embargo Tim lo ha escuchado sin pestañear.

Jamás vi a nadie tan parecido a una esponja. Junto a su rostro atento hay lágrimas en el de mi esposa y un gesto de serena complicidad e infinita empatía en la mirada de Raquel. Ella sabe bien lo que es sufrir, por eso puede meterse bajo la piel de los que sufren.

Durante largo rato nadie se aventura a intervenir, creo que reflexionamos, hasta que el silencio es roto por el estremecido susurro de Tim:

—Debió ser duro...

—Muy duro —corrijo—. Pero he descubierto que el único paso sabio es aceptarlo, y yo terminé por hacerlo... acepté poco a poco lo que se me imponía. Lo acepté como quien lleva la carga que tiene que acarrear hasta el sitio que puede, sin preguntarse más. Y comprendí por fin, sin que mi mente lo comprendiera del todo, que aceptar aquello que es imposible cambiar; permanecer firme contra lo que uno enfrenta —o lo que a uno le enfrenta— aunque no entienda el por qué o el hasta cuando... en definitiva, ser fiel, jamás es en vano ni inútil, sino que es inmensamente rentable.

—¿Así que lo que has descrito es el síndrome de burnout? —quiere saber Tim.

—El terrible efecto burning —asiento—. Dicen que la distancia embellece las cosas y las despeja del horror del momento, pero yo aún experimento una náusea física cuando recuerdo lo ocurrido; y es que al rememorarlo parece que lo vivo nuevamente.

—Una serie de síntomas emocionales que, tras ser ignorados, se alían con el organismo para encender luces rojas —concreta Raquel.

—Y hasta antorchas encienden —sentencio—. Con tal de llamar nuestra atención son capaces de inflamar nuestras entrañas.

—¿Te hace bien el relatarlo? —pregunta Raquel.

—No estoy seguro —titubeo—… puede que sí. Lo cierto es que nunca, hasta ahora, había explicado lo que pasó por mi mente durante esa difícil travesía; pero también sé que quien se encuentre en situaciones semejantes lo entenderá, incluso no necesitará que nadie se lo explique; y quien no, no lo entenderá nunca.

—Pero ya pasó todo —la sonrisa en el rostro de Raquel me hace recordar un amanecer de primavera—. Y habéis resurgido de las cenizas más fuertes y más sabios.

—Nunca olvidaré una de las frases que su esposo me dijo cuando ya estaba… —dudo en terminar la frase; me parece dura e improcedente.

—¿Cuándo estaba próxima su partida? —Raquel imprime la máxima naturalidad a las palabras.

—Sí —admito—. Postrado en su lecho me miró con esa intensidad que acostumbraba y me dijo: Lo más hermoso es que, con Jesús, jamás una desgracia será la última noticia.

—Lo creía firmemente —hay nostalgia ahora en la voz de la anciana Raquel—. No se ha escrito todavía la última línea, repetía cuando nos veíamos sumidos en alguna adversidad, esta historia acabará bien, me decía, verás como salimos de este apuro, fortalecidos y más fuertes que antes…

De forma espontánea María se incorpora y abraza a Raquel. Es hermoso constatar que quedan amigos después de las pruebas más duras.

Tim asiste a todo con un delicioso gesto de expectación y respeto.

—¿Habéis visto la hora que es? —advierte María al deshacer el abrazo—. Si no nos damos prisa no llegaremos al culto de Navidad.

—Tienes razón —me incorporo y corro por el abrigo—. Es muy tarde y hace mucho frío. No me gustaría que se encuentren con la puerta de la iglesia cerrada y tengan que esperar en la calle. Démonos prisa.

—Ha sido agradable conocerte, Tim —escucho que le dice María—. Supongo que tienes que regresar a tu casa.

—Me encantaría acompañaros a la iglesia —su voz suena casi suplicante.

—¿No se te hará tarde? —pregunto desde la habitación mientras me pongo el abrigo.

—No —asegura—. ¿Puedo acompañaros, por favor?

9

Celebración en Navidad

Creo en el sol aunque no brille… creo en Dios aun cuando calla.

—Anónimo

No hubo mucha asistencia.

El intenso frío y la nieve que se convertía en hielo nada más tocar el suelo, no invitaban a salir; sin embargo, la atmósfera fue hermosa. Creo que hubo verdadero gozo mientras celebrábamos el cumpleaños de Jesús.

Después del servicio despedí a todos en la puerta. Uno tras otro me abrazaron deseándome felices fiestas. Ninguno de ellos conocía la crisis por la que estaba atravesando, aunque no estoy seguro de que mi sermón no dejara traslucir mi estado de ánimo, pero cada saludo resultó reconfortante. Sentí cariño sincero y me afirmé en la idea de que un abrazo es auténtica medicina y está dotado de un poderoso efecto terapéutico.

—Fue muy bonito lo que dijiste —comenta María de regreso a casa.

—Gracias, cariño —le digo—. Pero no creo que haya sido el mejor sermón de mi vida. Mi estado de ánimo lo ha empañado.

—Ha sido hermoso —confirma Raquel—. Estos servicios con sabor a Navidad le encantaban a mi esposo. Hoy me sentí muy cerca de él, sentí también que Dios estaba muy cerca de nosotros.

Tim hace el camino en silencio. Le noto reflexivo y nada más llegar a casa se queda rezagado. Algo me dice que quiere hablar por lo que, mientras Raquel y María entran a casa, decido quedarme con él.

—¿Qué tal te sentiste en la iglesia? —le pregunto.

—Fue muy bonito —asegura—. Mientras te escuché predicar no pude evitar recordar las palabras de un maestro...

—¿De tu escuela?

—No, me refiero a un maestro de la Biblia a quien escuché hace tiempo y cuyo mensaje me dejó marcado —y aclara—: cada palabra que brotaba de sus labios llegaba a mi corazón y me daba vida. Tanto me afectó su mensaje que cuando terminó la reunión me aproximé a él y le dije: «Su mensaje me ha transformado. Me encantaría ser predicador; por favor, enséñeme cómo hacerlo. Envidio su capacidad de persuasión. Cuénteme, por favor, ¿cómo prepara sus mensajes?, ¿cuándo lo hace?, ¿qué tiempo les dedica?»

—Puedo imaginarlo, Tim —le digo sin poder evitar reírme a la vez que recuerdo su carta desbordante de preguntas—. Y todavía estarías preguntándole si él no te hubiera interrumpido...

—¿Cómo lo sabes? —me dice, sorprendido.

—Porque tu curiosidad es inagotable —al ver que su gesto decae, lo matizo—; eso no es malo, Tim, el deseo de aprender es el primer peldaño a la sabiduría, solo será necesario que consigas dosificar tu hambre de conocimiento. Pero, dime, ¿qué te respondió ese maestro?

Me llama la atención que Tim ha cerrado los ojos, como queriendo recordar cada mínimo detalle de la historia que describe.

—Aquel maestro puso su mano sobre mi hombro y me miró con un gesto muy amable. Luego me dijo: «Lo principal es que aprendas a usar esto —tocó mis rodillas con la punta de sus dedos, primero la derecha y después la izquierda, entonces añadió—: y después aprenderás a usar esto —puso su mano, o tan solo los dedos índice y corazón de su mano derecha sobre mis labios y me dijo—: Para ser buen orador hay que comenzar siendo un buen orante. Si quieres que al hablar tú, la tierra perciba sabor a cielo, debes recorrer esas calles —las del cielo—. Tendrás que respirar su aire y dejar que su oxígeno inunde tus pulmones mientras preparas tu discurso. Debes recorrerlas —insistió el maestro— hasta localizar el trono de Dios, y una vez allí póstrate y adora. Las palabras que entonces recibas tendrán auténtico peso... tanto como para empujar a tu auditorio sobre sus rodillas. Si quieres que la tierra perciba la presencia del cielo —repitió—: el cielo debe percibir antes tu presencia».

Tim mantiene sus ojos cerrados y a punto estoy de cerrar los míos, pues sus palabras llegan a mi corazón dándole vida. Su breve charla me ha proporcionado material de meditación para mucho tiempo. Cada sílaba va dirigida a mí y cada expresión tiene una increíble capacidad didáctica. Tengo la impresión de que el discurso de Tim ha sido muy bien calculado. Hasta me embarga la idea de que no se quedó rezagado porque necesitara hablar, sino porque yo necesitaba escucharle.

En la historia que ha narrado no hay un ápice de juicio, ni está sopesando el sermón que yo hoy he compartido, pero me siento exhortado.

Para ser buen orador —me ha dicho... sí, Tim me lo ha dicho a mí— hay que comenzar siendo un buen orante.

—¿Qué opinas?

La voz de Tim me devuelve a la realidad. Sus ojos, fijos en los míos, parecen calcular si he recibido el mensaje y el efecto que ha surtido.

—Que aquel maestro era verdaderamente sabio —le digo—. No es nada extraño que te afectaran tanto sus palabras.

De forma tan repentina como espontánea, Tim posa su mano en mi brazo, haciéndome desistir de mi intento por entrar a casa y me pregunta:

—¿Es verdad que piensas que tu vida es insignificante?

Le escudriño en silencio percibiendo totalmente mi propio gesto de perplejidad. Tim me mira y su rostro adquiere un matiz de disculpa.

—Perdón... lo siento. No debí preguntarte...

—¿Qué contestarías tú si te hicieran la misma pregunta?

—Que hay ocasiones en las que insignificante sería un término demasiado optimista para mí, pero ya he podido comprobar con cuanta frecuencia esa es precisamente la mejor de las condiciones. He visto cómo Dios toma lo aparentemente inservible y lo pone a servir; elige lo ordinario para empresas extraordinarias. Siempre me ha sorprendido la predilección de Dios por lo pequeño para hacer cosas grandes... Él selecciona a sus siervos buscando en los rincones y no en los pedestales... ¿Te has parado a pensar en la paradoja de Moisés?

—¿Paradoja? —interrogo.

—¿Recuerdas cuántos años vivió?

—¿Ciento veinte? —aventuro.

—¡Exacto! Y su vida se puede dividir en tres bloques de idéntica duración: Gastó cuarenta años de su vida pensando que era alguien, otros cuarenta años aprendiendo que no era nadie y los últimos cuarenta viendo lo que Dios podía hacer con un nadie...

Me río de la ocurrencia a la vez que registro la profunda verdad que encierra el comentario que Tim ha traído, así, como por casualidad... aunque a estas alturas ya he comprendido que de los labios de ese niño no brota una sola frase que no tenga un claro sentido y dirección.

Cuando entramos a casa descubro con sorpresa que Raquel y María han encendido la chimenea. Es la primera vez que la prendemos este invierno y enseguida la casa se llena del olor a encina quemada. Pronto estamos todos reunidos en torno al hogar.

—¿Os fijasteis que hoy Lucía parecía triste? —comento.

—Sí —afirma María—. Al saludarla lo noté. La abracé con mucho cariño porque me dio la impresión de que lo está pasando mal.

—No es extraño, toda su familia sigue en Ecuador —asiento—. Tener a sus hijos y a su esposo tan lejos debe hacer difícil la Navidad. Trabaja mucho para reunir el dinero que les permita viajar; ojalá pronto puedan estar todos juntos.

—Seguro que la combinación de esas palabras con el abrazo de María habrá sido muy reconfortante para Lucía —opina Tim.

—Que importante es un abrazo, ¿verdad? —comenta mi esposa.

—Mi marido solía decir que Dios acuna al afligido utilizando brazos humanos —rememora Raquel, y en su gesto me parece que habla consigo misma, como reviviendo el momento de la predicación de su esposo—: Si ves a un ser afligido y te aproximas para abrazarle, tus brazos serán los de Dios aplicando consuelo. No hay imposición de manos más poderosa que la de posar nuestro brazo sobre un hombro desvalido...

—Conocí a un predicador —tercia Tim— que insistía en que los mensajes más poderosos no se transmiten desde la altura del púlpito sino desde el calor de la proximidad. Los llamaba discursos sin palabras...

—¿Discursos sin palabras? —replico con un matiz de ironía—. ¿Qué invento es ese?

—Más que un invento es un milagro —afirma con una seguridad que se me antoja descarada, y a continuación nos explica—: Yo disfruté de esa medicina en un tiempo duro que me tocó vivir. Nunca imaginé que pudiera haber mensajes tan poderosos transmitidos, no por la palabra, sino por el oído. Siendo escuchado me sentí sanado.

Observo los pedazos de encina y escucho su crepitar. Diminutas brasas incandescentes saltan con cada leve explosión y después de un breve vuelo chocan con el cristal transparente que tapa la chimenea. Pero, aunque mis ojos están fijos en las llamas, escucho a Tim con atención. Sus palabras me conmueven a la vez que me ofenden. No puedo evitar que algunas expresiones me suenen fuera de lugar en labios tan jóvenes: Disfruté de esa medicina en un tiempo duro que me tocó vivir... Pero, ¿qué puede haberle tocado vivir a un muchacho que apenas ha comenzado a hacerlo...?

La voz de Raquel, frágil en apariencia, pero determinante en esencia, me saca de mis pensamientos:

—Tienes razón —admite—. A mí siempre me resultó difícil aproximarme para mostrar mis condolencias a una persona que hubiese perdido a un ser querido. No sé qué decirles, le comentaba a mi esposo; a lo que él respondía: No tienes que decir nada... solo tienes que estar. Ellos necesitan sentirte mucho más que escucharte.

Mirándoles, y sobre todo escuchándoles, vienen a mi mente las palabras de Henry Estienne: ¡Si la juventud supiese!, ¡si la vejez pudiese...! Si ese caballero estuviera ahora mismo aquí, descubriría que hay juventud que sabe... y vejez que puede...

Para ratificarlo Tim continúa su discurso:

—Es en los tiempos difíciles cuando descubres que —una voz amiga diciéndote con sinceridad: Si precisas una mano, recuerda que yo tengo dos—, es un auténtico tesoro. Cuando pensé que no podría resistir, apareció el mensajero silencioso. No logro recordar lo que hizo, ni tampoco lo que dijo... pero jamás olvidaré que estuvo. Es el ministerio de la presencia. Una terapia transformadora que consiste en estar... nada más... y nada menos...

Todos guardamos silencio, presintiendo que la sabiduría que brota de los labios de Tim, y que no encaja en absoluto con su edad, es un patrimonio adquirido a alto precio; la ciencia que destila tan prematuramente, fue aprendida, sin duda, en algún trance difícil que le hizo madurar sobremanera.

Ahora solo el crepitar de la madera se escucha y las lenguas de fuego que parecen danzar entre los leños captan toda nuestra atención, hasta que Raquel concluye:

—No sé si leí esta frase o alguien me la dijo: La verdadera amistad es como la fosforescencia, resplandece mejor cuando todo se ha oscurecido, es un privilegio haber podido comprobarlo —de nuevo nos mira y vemos la gratitud tatuada en sus retinas—. Hoy podría estar sola, recreándome en mi desdicha. Sin embargo, vuestra amistad ha sido el lazo que me acercó a este acogedor rincón, rodeándome de compañía. Eso es ministrar... eso es servir... eso es sanar...

—Parakaleo —susurro.

—¿Cómo dices? —interroga María.

—La palabra griega que se usa en la Biblia —explico—, cuando Jesús se refiere al Espíritu Santo: Rogaré al Padre y os dará un consolador. La palabra griega que Jesús elige es parakaleo, que significa uno enviado al lado del otro.

—Así es —afirma Raquel—. Rogaré al padre y os dará un consolador para que ESTÉ con vosotros para siempre.

—A eso me refería —asiente Tim—, exactamente a eso. Estar es más importante que hacer, como ser es más valioso que tener.

10

Una nueva lección antes de dormir

En la boca de los niños perfeccionaste la sabiduría...

—MATEO 21.16

En la multitud de consejeros está la victoria.

—PROVERBIOS 24.6

Hace rato que en el exterior es noche cerrada. A través de los cristales observo los abedules mecerse por el viento. Sus ramas, casi desnudas, se balancean y me recuerdan vagamente a la llama de una vela que se agita.

La fría imagen contrasta con la cálida chimenea, que vuelve a tomar protagonismo. Nuestras miradas están fijas en las oscilantes llamas y en los pedazos de madera que crepitan levemente y parecen contorsionarse, como si las lenguas de fuego les exprimiesen para extraer de ellos hasta la última partícula de calor.

Tan abstraído estoy que la voz de Tim me provoca un sobresalto:

—Y dime —habla acelerado, como temeroso de que a causa de la hora fuéramos a dar por concluida la reunión—. ¿Qué fue lo que te sostuvo en medio de aquella crisis? ¿De dónde sacaste las fuerzas para superarlo? ¿Quién te ayudó en ese trance?

Para ese momento estoy convencido de que Tim es una auténtica máquina de disparar. Su munición consiste en preguntas de altísimo calibre, que no matan, pero desgastan.

—Mira Tim —le digo con toda la paciencia y serenidad que logro reunir—. Te lo contaré todo, pero tendrá que ser dosificado.

—Es tarde —María ha salido en mi ayuda mirando su reloj de pulsera que advierte que ya pasaron las diez de la noche—. Tim, ¿crees que serás capaz de esperar a mañana? —pregunta en broma.

—Es cierto —asiente Raquel—. ¡Se ha hecho tardísimo! Debo marcharme rápidamente; tengo un largo camino hasta casa.

—¿No pretenderá ir caminando? —le digo—. La acercaré en el coche.

—¿Por qué no se queda a dormir? —en la boca de María suena más a ruego que a pregunta.

—No sé… —la anciana Raquel titubea. Es evidente que la propuesta le resulta atractiva pero no quiere ser carga para nosotros.

—Tenemos camas de sobra —digo apoyando la moción—. De ese modo mañana tendremos más tiempo para conversar.

—¿Y tú, Tim? —pregunta María—. ¿Vives lejos de aquí?

—Bueno… yo… —titubea.

—Te llevaré en coche —digo incorporándome.

—Es que… —Tim agacha la cabeza y guarda un instante de silencio en el que hace acopio de fuerzas para proponer—: ¿podría quedarme a dormir?

—¿Dónde vives, Tim? —la pregunta es muy concreta.

—No estoy muy seguro —la respuesta es muy confusa… demasiado.

—¿Qué quieres decir? ¿No te espera nadie? —empiezo a preocuparme.

—No —responde escuetamente.

Miro con discreción al teléfono valorando la opción de llamar de inmediato a la policía. María, adivinando mis intenciones, me sujeta por el brazo y tira de mí hacia la cocina.

—Te lo ruego —me dice—, fíate de mi instinto y no eches a Tim de esta casa…

—¡¡Es una locura!! —exclamo—. No lo conocemos; no tenemos ni idea de quién es ni de dónde viene... ¿Cómo podemos dejarle que duerma aquí?

—Te lo ruego —repite—, confía en mí... ¿alguna vez ha fallado mi instinto?

—Está bien —admito—. Pero mañana tendremos que aclararlo todo.

—Supongo que necesitarás un pijama, Tim —comenta mi esposa regresando al salón—. No sé si te valdrá uno de mi marido...

—¡¡Gracias!! —el niño corre hacia María y la abraza. Luego se dirige a mí y hace lo mismo.

—Escucha Tim —le digo muy serio—. Hoy escuchaste parte de mi historia, pero mañana serás tú quien cuente la suya.

—Mi vida no es nada interesante —repone el muchacho—. Aunque sospecho que a partir de ahora comenzará a serlo.

Sus últimas palabras quedan flotando y dibujan una enorme interrogante en el aire.

—¿Y qué pasa conmigo? —comenta Raquel con una sonrisa—. Aún no acepté la invitación de quedarme a dormir...

—Por favor... —le ruego—. Acéptela.

—Propongo algo —dice—: lo haré con la condición de que mañana coloquemos en este bonito salón el árbol navideño.

—¿Un veintiséis de diciembre? —no estoy por la labor.

—Es mi condición para quedarme a dormir —replica inapelable.

—Pero, escuchadme, por favor —insisto—. No tiene ningún sentido colocar un árbol navideño cuando la Navidad ya ha pasado.

Tim rebate mi argumento, y lo hace usando su mágica combinación de extrema sencillez y reflexiones incontestables:

—Si el ser humano entendiera que Navidad no es una fecha, sino un estado del corazón, no aguardarían a un veinticinco de diciembre para conmemorar un hecho tan grande, sino que cada día del año lo estarían celebrando.

—Ya —replico con sarcasmo—, como diría Harlan Miller: Ojalá pudiésemos meter el espíritu de la Navidad en jarros y abrir un jarro cada mes del año.

Pero nadie parece haberme escuchado, o tal vez, movidos por la misericordia ignoran mi mordaz comentario.

—Aceptamos su trato, Raquel. Hoy descansaremos todos aquí y mañana decoraremos un magnífico árbol de Navidad —sentencia María—. ¿Quién quiere un poco de leche caliente? Nos ayudará a descansar.

—Yo tomaría también un pedazo de turrón... —comenta Tim.

—De chocolate con almendras, por supuesto —añado forzando una sonrisa.

—Es que está riquísimo... —responde con una mirada en la que pide disculpas.

—Sí, creo que eso ya lo dijiste —ironizo mientras me dispongo a abrir una nueva tableta de mi turrón preferido—. María, recuerda que mañana compremos más.

En ese instante suena el teléfono. Miro el reloj extrañado. Es tarde para llamadas telefónicas.

—Yo lo atenderé —dice María, y percibo resignación en su voz.

Enseguida regresa a la cocina.

—Es él —me mira con un interrogante en el que me brinda la opción de diferir la conversación hasta mañana. Valoro la oferta pero enseguida la desestimo. No sería un pastor responsable si no atiendo las llamadas.

Mientras me dirijo al despacho oigo la voz de María:

—Olvidaos de mi esposo. Quien llamó es el de siempre; tiene al menos para una hora.

Por fortuna María se excedió quince minutos en su previsión, por lo que cuarenta y cinco minutos después de abandonar la cocina, regreso a ella, eso sí, bastante más decaído.

—¿Es que no se da cuenta de que estas no son horas para contar problemas? —se queja María, afectada al ver mi gesto de abatimiento.

—Es mi trabajo —le digo, intentando que la acritud no impregne mi respuesta—. Debes comprender que no puedo ignorar mis responsabilidades.

—No creo que establecer un horario adecuado para atender a las personas sea una irresponsabilidad.

—Por favor, María —no tengo argumentos de peso, pero intento fabricarlos—, ser pastor implica estar a disposición de las ovejas... sabes que tengo razón...

—¿Sabes también lo que sé?

Me admira que a esas horas tenga la capacidad de hacer juegos de palabras. La miro aguardando a que concluya, y lo hace con una sentencia contundente:

—Estar tan cargado de razón y también de responsabilidad, terminará por romper tu espalda.

Raquel y Tim, que han tenido el detalle de no acostarse todavía, asisten al duelo un poco turbados e incómodos. Me doy cuenta de la enorme descortesía que supone mantener ese debate delante de nuestros invitados.

—Perdonadnos —les pido—, nunca debimos haber mantenido un duelo en vuestra presencia.

María lo admite.

—Tienes razón —me dice. Y les mira luego a ellos—. Os pido perdón. No es día ni momento para estas discusiones, pero este tema me desquicia.

—¿Son frecuentes esas llamadas? —interroga Raquel.

—Bueno —dice María medio en broma—. Depende de lo que entendamos por frecuente... no suele llamar más de dos veces al día.

—¿Pero siempre él?

—Los demás llaman de vez en cuando —admito—. La inmensa mayoría solo lo hace cuando es verdaderamente necesario. El problema es que él siempre lo ve necesario...

—Y siempre llama para lo mismo —mi esposa no deja pasar la ocasión; necesita compartir la carga—. Llama a diario, sin discriminar si es o no fiesta, y sin mirar el reloj antes de hacerlo. Cualquier día y a cualquier hora. Pero lo peor no es su inoportunidad, sino la temática de sus llamadas —está enfadada y lo muestra—: ¡Siempre quejas! Tiene una habilidad sobrenatural para descubrir lo que en la iglesia no funciona y una memoria fragilísima para recordar aquello que sí lo hace. ¡Nunca llama para decir: Pastor estuvo bien! Pero ¡siempre llama para recordar, esto o aquello no marcha!

Guarda silencio, ahora sí. Dijo lo que necesitaba decir y ya está más tranquila. Nunca habría dicho lo que dijo de no saberse en un entorno confiable. Es una cualidad de ella que admiro: es transparente en sus sentimientos pero prudente al exponerlos. Sé bien que las emociones que ha expresado no la harán abandonar. Ama a la iglesia, e incluso le ama a él —al llamante compulsivo—. Pero es tan humana como el resto y necesita expresar lo que siente.

Tim ha escuchado con respetuoso silencio, y ahora se rebulle en el asiento, sé que quiere hablar y le miro, y mi mirada le activa, es la invitación que el joven estaba esperando.

—Escuché una vez lo importante que es administrar bien el tiempo y las relaciones —inicia, y yo me pregunto: ¿cómo y dónde pudo escuchar tantas cosas un jovencito, casi un niño? No obstante presto atención, y él continúa—: En especial un pastor debe ser cuidadoso al invertir su tiempo y energías. Si me lo permitís os comentaré algo interesante —duda un instante antes de afirmar—: y creo, además, que viene al caso.

Solo me mira a mí. Aguarda mi autorización para brindarme otra clase magistral, le hago un gesto más resignado que gozoso, pero es una invitación a que intervenga, y de inmediato obedece:

—Escuché que la voluntad de Dios es que quienes le sirven encuentren el adecuado equilibrio entre el trabajo y el descanso —me mira fijamente, por si tenía alguna duda respecto hacia quién dirige sus palabras—. Incluso en la semana creacional que relata Génesis, se nos presenta a Dios descansando después de concluida su obra. El problema es el siguiente —hasta ahora mantuve una atención extrema, pero su última frase me lleva a redoblarla—: Habitualmente quienes sirven a Dios pasan el noventa por ciento de su tiempo con personas que drenan sus recursos y apenas nada en compañía de aquellos que los pueden «rellenar». Se enfocan tanto en cuidar, que ellos no reciben cuidados. Ese desequilibrio genera un terrible desgaste. Es necesario un ajuste para, sin desatender a los que tienen necesidades, centrarse también en otro tipo de relaciones y actividades que les reporten alivio, descanso, distracción… ¡incluso sabiduría y edificación! Es fácil que un pastor vea su agenda saturada por personas necesitadas y no pueda hacer un hueco para verse con personas que le ayudarán a cubrir su propia necesidad —hace una breve pausa para elegir las palabras adecuadas que le permitan concretar lo que quiere enseñarme—. Hablo de muy diferentes necesidades, desde la enseñanza hasta la risa, pasando por la charla amena y entretenida… y por descontado que el siervo de Dios debe apartar un tiempo para su familia. Momentos en los cuales se desconecta de todos —y enfatiza de manera llamativa—: ¡absolutamente de todos!, para conectarse en la intimidad del hogar. Eso no supondrá una irresponsabilidad, por el contrario, la correcta distribución del tiempo y la sabiduría en las relaciones hará reverdecer ministerios secos y avivará la llama de fuegos casi extinguidos.

Tim ha concluido.

Miro a María y la descubro asintiendo. Me devuelve la mirada.

—Es lo que llevo queriendo decirte toda la vida —confiesa—, pero no encontraba las palabras.

Miro entonces a Raquel.

Sonríe, como casi siempre, y también asiente.

Miro, por fin, a Tim. Mantiene la cabeza agachada, creo que turbado. Sospecho que teme haberse extralimitado. Me incorporo y poso mi mano sobre su hombro. Entonces me mira, yo también, y asiento.

—Gracias —le digo y con la mano le insto a levantarse, es la única forma de poder abrazarle… lo repito con toda sinceridad y muy cerca de su oído—. Gracias.

Pronto Tim y Raquel descansan en sendas habitaciones y María y yo nos disponemos a hacerlo en la nuestra; son las doce y media de la noche y estamos agotados, pero mi esposa no parece dispuesta a dormir todavía. Se gira hacia mí apoyando el codo en la almohada y dejando descansar la cabeza sobre su mano mientras me pregunta:

—¿Qué te ocurre?

—Nada —intento aparentar normalidad—. Estoy bien… solo un poco cansado.

—Te conozco lo suficiente como para no creerte —me envuelve con su brazo derecho, mirándome directamente a los ojos—. Algo te pasa y no te dejaré dormir hasta que me lo cuentes.

—Se han comido todo mi turrón de chocolate —bromeo en un intento por esquivar temas más profundos a horas tan intempestivas.

Se ríe pero no aparta sus ojos de los míos. Definitivamente hoy no dormiré a menos que le cuente la razón de mi desasosiego.

—Es por Tim —confieso—. No sé... hay algo en él que me intriga...

—Debes confiar —me interrumpe—. Estoy segura de que Tim no es peligro...

—No me refiero a eso —aclaro—, pero hay algo extraño en él: por un lado le veo anhelante de saber, pero por el otro percibo una seguridad y madurez extraordinarias... Por momentos aprecio en ese muchacho a un discípulo pero al minuto siguiente expone conocimientos dignos de un maestro.

María asiente, comprensiva. Ella también ha percibido ese desdoblamiento en Tim.

—Y luego está su capacidad para abrir corazones —añado.

—¿A qué te refieres? —pregunta intrigada.

—Me ha hecho contar detalles íntimos, que nadie, salvo tú y yo conocíamos —le recuerdo—. Pero lo más sorprendente es que a medida que los narraba no podía evitar tener la impresión de que Tim ya los conocía.

—¿Te hizo daño recordar lo vivido en las últimas semanas?

—¡Qué va! —aseguro—. Al contrario. Y eso también me desconcierta. Mientras relataba lo que he vivido... —me doy cuenta de que estoy siendo injusto al excluirla y rectifico clavando mis ojos en los suyos—: lo que tú y yo hemos vivido en estos meses, me iba embargando una creciente sensación de libertad, como si junto a mis palabras saliera de mí un peso agobiante... es... no sé... como si al compartir la carga esta se fuera empequeñeciendo hasta casi desaparecer. Te lo aseguro, en este momento peso una tonelada menos...

—Y eso a pesar de haber comido una buena ración de cordero —ríe mientras posa un beso en mis labios.

—De cordero sí —admito—. Y estaba riquísimo, pero no puedes decir lo mismo del turrón... ese muchacho parece una auténtica trituradora de turrón.

Vuelve a reír y me besa nuevamente. Luego me mira con fijeza. Callo para darle la oportunidad de intervenir, pero solo me sonríe. Ante su silencio, sigo exponiendo mi tesis.

—Tim me ha forzado a hablar —aseguro—. Lo intentó primero con su juego del ahorcado... —los dos soltamos una carcajada.

—Chissst —dice María poniendo su dedo sobre mis labios—. Recuerda que tenemos invitados.

—Bueno —continúo casi en un susurro—. Después de intentarlo con ráfagas de preguntas, derivó la conversación con sutileza, reconduciéndola hacia mi crisis. Lo cierto es que no ha descansado hasta hacerme relatar nuestra vivencia; luego —a medida que hablo voy ordenando la secuencia de los hechos—, mientras relataba nuestra historia, varias veces vi a Tim asentir con la cabeza

—Señal de que se solidarizaba contigo.

—No —y soy rotundo en la negativa—. Su asentimiento no era de comprensión —intento explicarle—. Te lo aseguro, era más bien la afirmación de quien conoce perfectamente la película y admite que el relato coincide con el guión...

—¿Estás diciendo que Tim sabía todo lo ocurrido y pese a ello quería que lo contaras? —ahora sí he conseguido sorprenderla.

—La verdad es que a estas alturas no sé muy bien lo que quiero decir —susurro—. Estoy verdaderamente confundido... porque, lo cierto es que una vez que he relatado mi crisis... —reitero—. Una vez que me he vaciado, tengo una sensación de libertad que ya casi había olvidado. Sí, cariño —envuelvo a María con mis brazos—, me siento mucho más libre y relajado. De hecho creo que hoy voy a dormir como un bebé.

—¿Y qué me dices de sus consejos?

—¡Es un maestro! —replico—. Y eso es lo que me mantiene intrigado. Es imposible que una criatura normal acumule tanta sabiduría en tan poca vida...

—Años —corrige María.

—¿Qué?

—Tiene pocos años de vida —me dice—, pero tiene mucha vida en esos años...

—Es cierto —admito. Cada vez estoy más convencido de que Tim ha logrado, en poco más de una década, acumular más vida que muchos octogenarios.

—¡Qué extraño! —me dice entonces María.

—¿A qué te refieres?

—Tim —dice—, se ha referido a vivencias extremadamente duras.

—Pero no las ha explicado.

—Pero dejó bien claro que fueron etapas muy difíciles.

—A eso me refería antes —explico—, ¿no es demasiado joven para vivencias tan fuertes? No sé; hay demasiadas cosas sobre Tim que desconozco. Cada hora junto a ese muchacho me reporta mil preguntas.

—No sé qué pensar —admite María y reposa su cabeza sobre mi pecho—. La visita de Tim y Raquel ha sido un verdadero regalo de Navidad…

—Y sospecho que apenas hemos comenzado a desenvolver el empaque…

—Ahora que lo pienso —se incorpora de golpe hasta quedar sentada en la cama y clava sus ojos en los míos con un gesto de enfado que me preocupa—. No me hiciste ningún regalo en Nochebuena… —frunce tanto su ceño que descubro que su enfado es fingido

—Tienes razón —admito con tranquilidad—. No estaba de ánimos para pensar en compras —medito un instante y replico—. Por cierto, ¿me hiciste tú algún obsequio?

—No estaba de ánimos para compras —repite imitando mi voz antes de volver a reír con ganas.

—Ni tú ni yo habíamos previsto obsequiarnos estas navidades… —admito—, nuestro ánimo nos lo impedía…

—Pero parece que Dios estaba empeñado en que no nos faltara un regalo…

—Y ha mandado a dos ángeles para obsequiarnos —concluyo.

Los dos miramos pensativos al techo desde nuestro cómodo colchón.

—Descansemos —sugiere María—. Mañana tendremos la mente más despejada para pensar en enigmas.

—Eso espero… —digo envuelto ya en el sopor, y añado—: y luego está lo de la maceta… ¿qué haría ese muchacho con un tiesto lleno de tierra negra debajo del brazo?

No alcanzo a escuchar la respuesta de María, ni siquiera estoy seguro de que me responda, porque a ambos nos pesan demasiado los párpados y nos dejamos envolver por el sueño.

11

¿Perdiste la fe?

Fe es sentir el calor de la hoguera mientras cortamos la leña.

—Miguel de Cervantes

Dormimos plácidamente y la noche se pasó en un suspiro.

Aunque escaso, el sueño ha sido reparador, y hubiera seguido siéndolo si un tremendo estrépito no nos hubiese despertado cuando ya el sol se introducía por nuestra ventana.

—¿Qué ha sido eso? —pregunta María sentándose en la cama.

—Vino de abajo —digo incorporándome y metiendo mis pies en las zapatillas—. Creo que del salón.

Ambos nos ponemos la bata y descendemos.

—¡Buenos días! —saluda Tim con la espléndida sonrisa que parece haberse fijado de forma indeleble en su expresión—. Me tomé la libertad de desempacar el abeto navideño. Siento que se me cayera y les haya despertado.

—¿Cómo supiste dónde estaba? —pregunto extrañado—. ¿Y por qué vuelves a tratarnos de usted? ¿No te dije ayer que era mejor dejarnos de formalismos?

—Bueno, a lo segundo pido disculpas —reconoce—, y a lo primero, no es difícil averiguar que estas cosas —señala al árbol— se guardan en el trastero de la casa, suelen colocarse al fondo ya que solo se usan de año en año.

Me dirijo entonces al trastero esperando asistir a una escena de verdadero caos. Nunca fui capaz de sacar el árbol de Navidad sin desmoronar la montaña de trastos que allí guardamos.

—¿Cómo es posible? —mi tono de voz atrae a María que se asoma al cuarto.

—¡Increíble! —replica al ver el perfecto orden—. Has sacado el árbol y sus adornos y luego has dejado el trastero más ordenado de lo que estaba.

—No fue nada —Tim se ruboriza con una facilidad extraordinaria. Disimula colocando el abeto artificial sobre su base y comenzando a desplegar las ramas.

—¡Ah, no! —Raquel hace entrada en el salón, abrigada con una gruesa bata que María le ha prestado—. ¡Eso sí que no! Me declaro incapaz de decorar el árbol sin tomar antes un café bien cargado.

—Yo lo prepararé —dice María dirigiéndose a la cocina—. Pero... ¿qué es esto? —exclama nada más entrar en ella.

Su voz nos alarma, por lo que Raquel y yo nos acercamos. La escena nos deja boquiabiertos: la mesa de la cocina está desplegada, primorosamente dispuesta y decorada. Un delicioso aroma llena la estancia, mezcla del intenso olor del café junto al del espeso chocolate caliente y al de las tortitas recién hechas.

Nos giramos hacia Tim.

—Me desperté muy temprano y no era capaz de estar quieto en la cama —dice rojo como un tomate—. Espero que os guste.

—Estoy impresionado —reconozco—. Tim, esto supera mis expectativas, no sé cómo agradecértelo...

—No es nada —insiste— pero si te empeñas, para mí sería suficiente con que me contaras cómo lograsteis superar aquella crisis.

—No has olvidado la pregunta que anoche quedó pendiente ¿eh? —ríe María.

—Si os parece —sugiero—. Demos antes gracias a Dios por este suculento desayuno. Raquel, ¿sería tan amable de hacerlo usted?

La anciana eleva su voz y al escucharla me resulta imposible no evocar las oraciones de mi viejo pastor. Son tan parecidas a las de su esposa... en cadencia, en volumen, en sencillez y profundidad... habla con Dios como si estuviera a nuestro lado, degustando el desayuno. Es más, cuando termina la oración tengo la firme seguridad de que Dios es uno más entre nosotros, dispuesto a disfrutar de las tortitas y el chocolate.

—Me imagino —Tim mira a Raquel con extrema ternura, y se aprecia un paño de compasión en sus retinas— que habrá sido una Navidad muy dura sin su esposo...

—No ha sido fácil —admite la anciana—. He pensado en él cada minuto. Las navidades tenían un sentido inmenso para nosotros y no recuerdo ni una sola en que no apartáramos un momento para, en la intimidad, buscar al Señor. Siempre terminábamos conmovidos —hace una pausa y se emociona; su voz se tiñe de nostalgia cuando repite—: terminábamos conmovidos... ¡que inabarcable e imprescindible es la Navidad!

—Le hubiera gustado tenerle también en esta, ¿verdad? —pregunto, y de repente caigo en lo absurdo de mi interrogante.

—Perdón, no sé por qué hice una pregunta tan estúpida.

—No es estúpida —hay paciencia infinita en su respuesta—. Sí, me hubiera gustado tenerle. ¡Claro que le he preguntado a Dios más de mil veces el porqué de llevárselo a él antes que a mí! Siempre pensé que sería al contrario... siempre deseé que fuera al contrario. Pero la última vez que lancé esa pregunta al cielo, este me devolvió, como una lluvia fina, una frase que mi esposo repitió con frecuencia: Nunca pongas un signo de interrogación donde Dios puso un punto y final...

—¡Vaya! —exclama María—. Es una frase sabia...

—Y poderosa —añade Raquel—. Cuando asumes que no tiene sentido seguir cuestionando lo que ya no tiene remedio, solo entonces te enfocas en lo siguiente, de lo contrario una se queda enganchada en sucesos que de ningún modo se pueden cambiar. Es una pérdida de tiempo y una forma absurda de perpetuar la herida impidiendo que se cierre y deje de doler.

Se hace entonces un silencio reflexivo matizado tan solo por el sonido de la cuchara que disuelve el azúcar en mi taza de café.

Tras unos segundos, la curiosidad de Tim le lleva a hacer añicos, como si de una fina lámina de vidrio se tratara, la quietud que se ha asentado en la cocina:

—Así que —me enfoca y sus ojos anticipan la pregunta que enseguida formula—: hubo algunas columnas que te sostuvieron en medio de la crisis. ¿No es cierto?

No podemos evitar reírnos ante la infantil insistencia de Tim, que no ha olvidado el punto en el que quedó la conversación la noche anterior. Nos mira algo turbado, aunque no ofendido. De hecho no parece que exista nada capaz de ofenderle.

Es Raquel la que sale en su ayuda después de apurar su café bien cargado:

—Creo que a todos nos hará bien escucharlo —comenta—. Será una bonita forma de comenzar el día.

—Está bien —concedo—. Para ser honesto, lo primero que debo reconocer es que aún no puedo dar por superada la crisis. Cuando antes del verano acudí a su casa, Raquel, lo hice con la firme decisión de abandonar. Los lunes que pasé en su hogar supusieron un tratamiento de choque que logró resucitarme, pero —me tomo un instante para meditarlo y busco la mirada de María, como pidiendo permiso para abrir mi corazón. Su sonrisa y el verla asentir con la cabeza, me convencen de que lo haga—, lo cierto es que en el último tiempo he vuelto a desmoronarme. Pensé que tras la partida de mi viejo pastor, con los pergaminos y los hechos sorprendentes que envolvieron la despedida, la guerra estaba concluida. ¡Qué equivocado estaba! —admito—. Temo que aún quedan batallas por librar. Visité el monte, es verdad, pero luego me vi... —miro de nuevo a mi esposa—, nos vimos en un profundo valle. Gracias a Dios los síntomas físicos: esas terribles crisis en las que me sentía morir, han cesado casi por completo; parece que el cuerpo ha decidido ponerse, por fin, a funcionar, pero otra cosa es el alma —hago una pausa por temor a monopolizar la conversación. Deslizo mi mirada sobre todos ellos, esperando que alguno quiera intervenir, o preguntar, o tal vez matizar algún detalle; pero todos guardan silencio invitándome a proseguir con mi relato—. Sí, el cuerpo trabaja razonablemente bien, pero algo se ha estropeado en mi televisor aquí adentro —toco mi cabeza—, que me impide sintonizar canales buenos y solo emite películas siniestras... Os confieso que en los últimos días he vuelto a sentir el terrible desgarro interior que me mortificó durante aquellos meses.

Callo, ahora sí, esperando que alguien diga algo. Miro directamente a Raquel suponiendo que de su veteranía se desprenderá un consejo o alguna palabra de aliento. Ella me mira, asiente con evidente solidaridad y sonríe.

—¿Recuerdas la referencia de tu viejo pastor al «ministerio en la noche»? —giro la cabeza siguiendo el sonido de la voz y descubro la brillante mirada de Tim—. Periodos en los que todas nuestras referencias desaparecen y no encontramos ni una señal en el camino. Ni un sol en nuestro día ni una estrella en nuestra noche. Pero hay que seguir avanzando. Tal vez no podamos levantar el vuelo... ni siquiera correr podemos, pero hemos de seguir caminando... y hasta arrastrándonos a veces.

—En ocasiones ni fuerzas para arrastrarme me parece tener —admito.

—Tal vez no las tengas en ti mismo. Para eso está la fe —me recuerda—: fe es creer en algo más allá de uno mismo.

Las palabras del muchacho suenan sencillas y no suponen un descubrimiento. Está transmitiendo verdades que conozco de sobra, es más, yo mismo las declaré muchas veces. Pero en su boca las frases adquieren un peso y consistencia que solo puedo calificar de sobrenatural. Creo que Tim nota que mi mente divaga, por lo que posa su mano sobre mi brazo para hacerme aterrizar y entonces me repite:

—Fe es creer en algo más allá de uno mismo. Algo que no se puede ver, ni tocar, ni tampoco oler... como la esperanza y el amor. En eso encontramos fuerzas.

—Creo que todo eso lo he perdido.

Y enseguida reparo con perplejidad en que estoy confesando mi más íntima debilidad a un niño. Pero ese niño, que podría ser mi hijo, me exhorta con una naturalidad casi impertinente... pero a la vez aquietante:

—Podrías intentar luchar por recuperarlo.

—Lo he intentado —miro a María buscando su complicidad, pero opta por agachar la cabeza. Está viviendo la lucha con más intensidad que yo mismo—. De veras que lo he intentado... pero me encuentro agotado. ¿No será demasiado tarde?

—Nunca es tarde para averiguar qué es importante en tu vida y luchar por ello —y concluye—: No sé si alguna vez escuchaste la declaración de Flora Larson: La fe es el fin de nuestros recursos y el principio de los recursos de Dios. Estoy de acuerdo con ella y también estoy seguro de que vale la pena levantarse y luchar guarecidos tras el escudo de la fe.

Las palabras se escurren por mis sentidos y obran como una dulcísima anestesia en mi sistema nervioso central. Su definición de fe actúa de mordaza en la boca del dolor. Respiro profundamente y siento algo muy próximo a la paz.

Y de repente vuelvo a mirar a Tim y me percato de que estoy siendo instruido por un niño. ¿Cómo es posible que un muchachito me esté adiestrando en el arte de la fe?

Perplejo me excuso para abandonar la cocina. María, que me conoce mejor que yo mismo, me sigue y se sienta junto a mí en el sillón del salón donde me he dejado caer.

—¿Y bien? —me dice—: ¿Qué te ocurre ahora? —y me advierte—: No me digas que nada, porque te conozco de sobra.

—¿Quieres saber lo que me ocurre? —digo desafiante.

—Me encantaría —replica con la máxima dulzura.

—Es Tim...

—Lo sospechaba.

—Simplemente no estoy acostumbrado a que un niño me predique... tiene mucha menos experiencia que yo y ni una décima parte de la que tenía el viejo pastor. ¿Quién se ha creído que es?

—Olvidemos al mensajero y centrémonos en el mensaje —me sugiere—. ¿Qué piensas de lo que dijo sobre la fe?

Medito un instante antes de responder; no vale la pena ser esquivo, por eso admito:

—Lo que dijo fue una verdad poderosa... hay unción y autoridad en sus palabras, pero...

María sonríe y se levanta dejándome con la palabra en la boca.

—¿Adónde vas? —le pregunto.

—A poner un poco de música. Ya sabes, dicen que aplaca a las fieras.

Enseguida la atmósfera se llena con el dulce sonido de una sinfónica. Escucho unos instantes la magistral interpretación.

—¿Qué pieza es? —interrogo.

—Una de Mozart.

—¡Ah! Debí sospecharlo... Mozart, mi preferido; un verdadero genio.

—La compuso cuando tenía seis años de edad —explica.

—¿De verdad?

—Dime algo —me mira y percibo desafío en su mirada—. Ahora que sabes la edad del compositor, ¿crees que la obra es despreciable?

Sé por dónde va. Su táctica me pone contra las cuerdas. Jaque mate.

—Escucha —insiste—. Si con seis años Mozart componía estas piezas musicales, ¿qué impide que Dios use a un joven para transmitir sabiduría?

—¡Es un niño! —interrumpo con más vehemencia de la que hubiera deseado.

—Está bien, ¿qué impide que Dios use a un niño?

No tengo salida ni alegación posible, por lo que ambos regresamos a la cocina y me sirvo una nueva taza de café.

La apuro en silencio y contagio con él a todos...

—¿Podríamos salir a pasear? —pido.

—¿Y el abeto? —pregunta Raquel, señalando al salón, donde aguarda el árbol navideño—. ¿No vamos a decorarlo?

—Me vendría muy bien salir a pasear —casi lo ruego.

—A mí me parece buena idea —María sonríe al asentir.

Recorremos las calles adornadas. Luces y belenes nos sumergen en una atmósfera alegre y festiva que hasta logra contagiarme. A mediodía comemos juntos una hamburguesa.

—¡Huuummm! Está deliciosa —replica María—. Ni siquiera recuerdo la última vez que comí una hamburguesa.

—Sí —admite Raquel—. Está buena. Tampoco yo comía una de estas cosas desde hace décadas.—Bien hecho —intervengo—. Esta comida basura debe degustarse muy de vez en cuando. Aunque sabe bien no conviene abusar de ella.

Continuamos después el paseo y la tarde se pasa muy rápido; estamos disfrutando de un agradable día, pero en mi interior hay algo no resuelto. Soy incapaz de mirar a Tim sin recelo, y él lo percibe claramente.

Llegados a casa voy a mi habitación a ponerme una ropa más cómoda y al regresar al salón encuentro sola a Raquel.

—¿Dónde están todos? —pregunto al no verle—. ¿No vamos a decorar el árbol?

—No sé dónde está María, y Tim salió al jardín —explica—. Dijo que le apetecía estar a solas, aunque sospecho que se ha dado cuenta de que su presencia se te hace incómoda.

No aparta su mirada de la ventana frente a ella. La luz del sol ha desaparecido poco a poco tras los cristales y se ha convertido en una delgada línea granate en el horizonte.

—Bueno... la verdad —sé que debo decir algo, pero no tengo ni idea de por dónde empezar—. No sé... estoy acostumbrado a maestros más adultos y experimentados...

—Estás acostumbrado a tu viejo pastor —sentencia Raquel—. Pero tendrás que aprender que a Dios tanto le da usar instrumentos veteranos y cargados de experiencia, como tiernas vasijas que acaban de salir del horno... Lo importante no es cuántos años de vida se acumulen, sino cuánta vida se acumula en esos años.

—Pero, Raquel, escuche: cuando Tim llamó a la puerta de mi casa... En el primer vistazo pude ver que las líneas de expresión de su frente eran renglones en los que resplandecía la expresión: ¡¡NECESITO AYUDA!! —muevo mis manos, con las palmas hacia arriba, en un gesto desesperado mientras concluyo—: ¿Entiende, Raquel? Yo creí que Dios me mandaba un discípulo y ahora descubro que lo que ha llegado a mi casa es... —me resisto a decir lo que Tim supone para mí—. No estoy preparado para ver en ese niño a un maestro...

Con la acostumbrada serenidad de quien ya no está dispuesta a alterarse por nada, Raquel recurre a la Biblia... lo hace con extraordinario acierto al evocar las palabras de Dios como respuesta a la oración de Pablo: Mi poder se perfecciona en la debilidad.

—Tim era... —se corrige a sí misma—, es una persona con debilidades y no intenta enmascararlas bajo una capa de suficiencia. Eso le convierte en candidato ideal para ser usado por Dios. Por otro lado —añade mientras me mira con simpatía, casi sonriendo—,no descartes la posibilidad de que cuando abriste la puerta y enfrentaste a Tim, su rostro fuera un espejo en el que tú te mirabas, y la leyenda en su frente un reflejo de la tuya...

Descubro a María que debe llevar rato a nuestro lado. Me mira y asiente. Yo guardo silencio y suspiro. O todos están contra mí, o todos se confabularon para ayudarme... tan confuso estoy que ambas opciones caben en mi mente.

12

Cuando las defensas bajan...

El que piensa estar firme, mire que no caiga.

—1 Corintios 10.12

Tanta franqueza en Raquel me desmorona. Mi primer impulso es ir en busca de Tim para disculparme, pero me dejo llevar por el segundo que consiste en buscar la soledad. Con la excusa de comprar pan me marcho... lo hago por la puerta de atrás, la de la cocina... no quiero encontrarme con él.

—Es tarde ya —me recuerda María cuando le digo que salgo por pan—; la panadería estará cerrada...

—Los comercios asiáticos nunca cierran —replico.

—¿No habíamos previsto hablar hoy con Tim? —me dice con la intención de hacerme desistir de mi salida nocturna—. Ya sabes, aclarar quién es... —intenta impregnar de humor la frase— de dónde viene y adónde va...

—No estoy de ánimo para investigar. Las pesquisas tendrán que esperar a mañana...

Profundamente decaído, vago por las calles solitarias. Las farolas ya se han encendido, pero apenas iluminan el camino y todo está envuelto en una bruma incierta, algo que conjuga perfectamente con mi estado de ánimo.

El sentimiento de orfandad vuelve a asaltarme con crudeza: es como si solo hubieran pasado unas horas desde la desaparición de mi viejo pastor; como si todas las heridas internas se hubieran reabierto, o como si nunca se hubiesen cerrado. Siguen sangrando, y doliendo también.

Mi viejo pastor está muerto. Intento aceptarlo en mi corazón, paso a paso. Tiene que suceder lentamente, para que la pena no me ahogue.

Junto al decaimiento me inunda una sensación muy próxima —demasiado— a la autocompasión. En momentos así me vuelvo extraordinariamente vulnerable y debo redoblar la guardia para no cometer errores que luego lamentaría.

Meditando en ello deambulo —no sería correcto decir que paseo, pues lo hago arrastrando los pies, sin sentido de dirección ni destino concreto... No pienso ya en el pan que salí a comprar.

Se ha cerrado la noche cuando...

—¡Hola!

El saludo es escueto pero suficiente para llamar mi atención. Me giro siguiendo el sonido de la voz y veo una silueta recortada en el tenue círculo de luz amarillenta que la farola derrama.

—¿Cómo te llamas? —me pregunta, y sin esperar mi respuesta avanza dos pasos—. ¿No quieres decirme tu nombre...?

Realmente no quiero hacerlo, pero es más la sorpresa que la determinación lo que me hace permanecer mudo mientras la silueta, ya convertida en figura de mujer, vuelve a aproximarse, deteniéndose a un metro de mí.

—Yo me llamó Hanna —la voz, como el nombre, suena sensual y chorrea provocación—. Pero puedes llamarme Ana...

—Buenas noches Ana —empleo el tono más aséptico y formal posible—. ¿Puedo ayudarte en algo?

—Seguro que sí —no hace ningún esfuerzo por ocultar sus intenciones—. Y creo que yo a ti también...

Es difícil describir lo que siento en ese instante. En mi interior se desata una lucha encarnizada. Mi autoconmiseración me hace anhelar el aprecio, y las intenciones de esa mujer, aunque engañosas, bien pueden considerarse de aprecio. Nefasto, ruin y destructivo, pero aprecio al fin y al cabo.

Me sonríe y es tan cautivador el gesto que tengo que apartar la mirada.

—¿Estás ocupado esta noche? —ha roto la distancia y posa su mano en mi antebrazo.

Un millón de mariposas revolotean en mi estómago mientras una debilidad mortificante me invade. Giro mis ojos y la enfoco... vuelve a sonreírme... Experimento algo próximo al mareo mientras mantengo mi mirada en sus pupilas y estas se convierten en un espejo donde puedo verme.

En sus ojos —en los intervalos que las sucesivas caídas de párpados me conceden— veo los míos... me veo a mí... pero, de pronto, sin previo aviso, irrumpe ella, María inunda la escena. Aparece junto a mí... está orando: Ven a nosotros, Jesús, ven a nuestro hogar en esta Navidad. Su mano sostiene la mía y la aprieta con cariño... me ama.

Sé que me ama con todo su corazón y todas sus fuerzas. Decidió compartir su vida junto a mí, y yo estoy convencido de que la mía —mi vida—, no tendría sentido sin estar junto a ella.

Aun cuando nadie más en el mundo me apreciara, ella lo hace, y con tal intensidad que no preciso de ningún otro aprecio. El suyo confiere suficiente sentido a mi vida... valgo mucho para ella... mi vida es la suya... su vida es la mía...

¿Cómo arrojar al estercolero toda una vida en común por algo tan zafio y vulgar como lo que tengo delante? ¿Por qué destruir una inversión tan altísima por un placer tan bajo y pasajero? ¿Cómo arruinar el proyecto de toda una vida en un instante de locura?

—¿Me dejarás que te ayude? —su mano ha pasado de mi antebrazo a mi cabeza. Acaricia mi cabello y presiona en mi nuca intentando aproximar mi rostro al suyo...

Como activado por un resorte la aparto de mí y huyo... me alejo corriendo. Pongo en ello todas mis fuerzas —las pocas que tengo—. No me importa parecer ridículo o ser considerado un cobarde. Corro con toda mi alma, ahora sí, con un sentido y dirección muy concretos: mi hogar, mi esposa, mi vida...

Entro en casa sudoroso y llorando.

—¿Encontraste pan?

María escuchó la puerta, pero aún no me ha visto.

—¿Qué te ocurre? —ahora sí, me ve. Se acerca asustada y rodea con sus manos mi rostro, embadurnado por una mezcla de lágrimas y sudor.

No digo nada, solo la abrazo y sigo llorando.

La mantengo abrazada y luego la beso para volver, enseguida, a abrazarla.

—Te quiero —digo por fin.

Ella no contesta… o no lo hace con palabras… también me besa.

Vale la pena ser íntegro, pienso, por muy débil que uno sea o se sienta… no hay justificación para la caída ni excusas para la traición. Vale la pena ser fiel.

Ahora lo sé: ninguna presión, por fuerte que sea, podrá romper unos vínculos tan fuertes y sagrados como los que nos unen. En momentos de debilidad es mejor huir que sucumbir.

María y yo seguimos abrazados cuando abro los ojos y veo que Tim nos observa desde el salón: sonríe. Lo hace con una mezcla de dulzura y triunfo indescriptible. Veo alzarse en su rostro un luminoso sol que erradica la bruma incierta de mi invierno. Sí, hay triunfo en su sonrisa… me embarga la sensación de que comparte mi victoria —la que acabo de obtener huyendo como un cobarde… un cobarde victorioso.

Lo sabe todo.

Estoy convencido de que lo sabe todo.

Es de noche, pero dentro de mí amanece. El sol de la convicción inaugura un nuevo día: soy débil, es cierto, pero no lo es que sea una basura. Para ella, y también para Él, mi vida vale más que el mundo entero.

Me siento feliz y renovado. Mi extrema vulnerabilidad ha cedido aplastada por el inconmensurable peso de sentirme amado.

Ni Raquel ni Tim dudan que también hoy dormirán en casa. La venerable anciana no quiere incomodarnos. Toda bondad, se retira a descansar. Él hace lo mismo.

El abeto navideño tendrá que esperar… y la historia acerca de Tim, cualquiera que sea… también tendrá que esperar…

13

Vulnerables pero invencibles

*Dios nunca permite un cataclismo sin rodearnos de baluartes.
Ni tan siquiera consiente que la estructura de nuestra vida se vea
estremecida sin poner a nuestro lado ángeles que nos sostengan.*

Cuando a la mañana siguiente bajo al salón, encuentro a Raquel sentada en
el sillón orejero, con su mirada orientada al jardín y disfrutando del amanecer claro y soleado.

No puedo evitar sentir algo de vergüenza; la noche anterior me com-
porté como un niño al ofenderme por sus consejos.

—Discúlpeme por lo de anoche, Raquel...

—¿Que si descansé bien? Sí, gracias, ¿y tú? —bromea y enseguida ríe
ante mi gesto de desconcierto—. No te disculpes, por favor. No hay nada por
lo que deba perdonarte. Pero probablemente a Tim le gustará hablar contigo. Mírale —señala a la ventana frente a ella—. Madrugó mucho. De hecho
dudo que haya dormido algo.

No puedo replicar, solo acierto a asentir con la cabeza y salgo al
jardín.

El muchacho está sentado en el viejo banco de madera que hay debajo de nuestro único árbol, una encina que otras navidades decoramos con luces pero que este año solo luce su color verde ceniza, y parece triste.

También Tim lo parece. La sonrisa triunfal de la noche pasada ha dado lugar a un gesto preocupado.

—Perdóname, Tim —parado junto a él, poso mi mano derecha en su hombro y le digo—: Oré a Dios pidiendo ayuda y creo que no supe identificarla cuando llegó.

Me mira con gesto de sorpresa y el rubor enciende sus mejillas.

—¿Quieres decir que yo…?

—Quiero decir que tú eres un auténtico regalo —y concreto—: nuestro regalo en esta Navidad y el mejor que hayamos recibido nunca.

Me impresiona la forma en que me mira, y la perplejidad me paraliza ante la reacción del muchacho que se levanta y me abraza… y luego me dice:

—Vosotros también sois mi regalo —vuelve a abrazarme mientras asegura—: Estas navidades están siendo las mejores de toda mi vida.

Alboroto su cabello con cariño mientras le propongo:

—¿Qué tal un chocolate caliente? Aquí fuera hace frío.

—¡Sí! —y ríe al añadir—: y un poco de turrón me vendría muy bien.

Entramos en la cocina, y para deleite de Raquel lo hacemos juntos y riendo. También María, que ya bajó del dormitorio, nos mira y suspira aliviada.

Pero algo me ha ocurrido mientras subía los dos peldaños que dan acceso a la cocina: al ver mi brazo sobre el hombro de Tim, reparé en la realidad de que me estaba apoyando en él, y constaté la verdad incuestionable de que Dios nunca nos deja sin apoyo, pero ocurre en ocasiones que nos negamos a aceptar la ayuda que el cielo nos aproxima, porque no es exactamente el baluarte que nosotros esperábamos.

—¿Así que fe es creer en algo más allá de uno mismo? —digo, asintiendo y admitiendo plenamente la lección.

—Tim tiene razón —interviene Raquel—. Mi marido repetía con frecuencia que vale más un gramo de fe que una tonelada de estímulos. Nunca es tarde para levantarnos apoyados en la fe y retomar el camino. ¿Qué te parece si en vez de seguir mirando la crisis, comienzas a enumerar las columnas que Dios puso a tu lado para soportarla?

Dirijo la vista a María que, emocionada, asiente.

Entonces explico:

—Hace algún tiempo un amigo experimentó algo parecido a lo que yo he vivido en este tiempo; estoy convencido de que seré incapaz de explicar este asunto mejor de lo que él lo hizo. Me hizo llegar un escrito en el que relata su experiencia. La forma en que describe su salida del valle es tan gráfica y apropiada que veo prudente que lo escuchéis. Al hacerlo comprenderéis mucho mejor mi experiencia.

Me miran y admiten la propuesta con un movimiento de cabeza.

—Escuchad entonces lo que mi amigo me explicó cuando le pedí detalles sobre aquello que le ayudó a remontar el vuelo:

Dios puso a mi lado auténticos baluartes que me sostuvieron en medio de la crisis. De haber estado solo, creo que no lo habría soportado. Resumo los pilares de apoyo en tres enunciados: Dios, familia e iglesia. Estos fueron los peldaños de la escalera que me sacó del abismo.

Lo primero Dios: Fue el artífice de mi restauración. Sin Él a mi lado el abismo me habría tragado para nunca más devolverme. No siempre le sentí, ni siempre le escuché, pero siempre estuvo. Ahora sé que jamás faltó su mano tomando la mía, y aun a ratos fui transportado en sus brazos. Pude comprobar con claridad meridiana que la comunión más íntima con Dios se experimenta en los tiempos más duros. Es cierto que los cielos más hermosos corresponden siempre a los lugares más oscuros… es verdad que cuando todas las lámparas se apagan aquí abajo Dios enciende millones de estrellas allí arriba. Cuando todo a nuestro alrededor se oscurece, el cielo se convierte en un mapa que nos guía… un mapa de inconmensurable belleza.

Mis tres dulces mujeres, mis tres baluartes: Mi esposa y mis dos hijas. Se pegaron a mí como una segunda piel, decididas a recorrer mi camino y a no desistir ni un instante, por más dura que sea la escalada.

¿Qué decir de mi esposa? Nunca antes ha sido tan evidente el milagro de la matemática del amor mediante el que uno más uno da como resultado uno. Llora por el dolor que yo siento y aun su oxígeno me daría si el aire no llega a mis pulmones.

Mirándola, inseparable en el valle, comprendo que el dolor del ser amado se proyecta en el que ama, multiplicado por mil. Pero sus lágrimas —las que derrama por mí— llegan a mi alma y allí se mudan en bálsamo que apacigua el fuego de la herida. Me sostiene con firmeza. Nunca me ha fallado... hizo suyo mi dolor... hizo mío su consuelo.

A diario doy gracias a Dios por el acierto que tuve al prestar oído al consejo de Pitágoras: Elige una mujer de la cual puedas decir: Yo hubiera podido buscarla más bella pero no mejor. Tuve ese supremo acierto.

¿Y qué decir de nuestras hijas? Aliadas con los hombres a cuyo lado decidieron invertir la vida —los cuatro, sin excepción— ocuparon su lugar.

Y al ocuparlo lo llenaron, y alzaron radiantes soles en mis días más sombríos. Se negaron a que alguna estancia del hogar permaneciera en silencio, colmándolas con sus risas, ¡e incluso con mis carcajadas! Y así, unidos como estamos, nos sorprenderá la conclusión de la noche, y veremos, juntos y admirados, levantarse un nuevo día.

Y me ayudó la familia; no me refiero ahora al núcleo central, aunque también es familia. Se empeñaron en no dejarme quieto, arrastrándome a hacer deporte y aplicando luego remedios a mis molestias musculares.

¡Gracias por estar, hermano!, aunque muchos días, apenas habías salido de mi casa, y yo ya estaba en la cama, totalmente convencido de que jamás volvería a caminar, pues todo dentro de mí se había hecho papilla.

Me enseñaste varias cosas y asumí auténticas convicciones. La primera, que mis músculos estaban tan oxidados como saturado mi cerebro.

Luchaste conmigo para erradicar el anquilosamiento de mis articulaciones y me hiciste correr y sudar. Encestar —o más bien no encestar— una canasta y también me enseñaste —esto lo aprendí con rapidez— a perder con dignidad varios partidos de paddle [remos] sucesivos.

Y gracias, hermanos, por prestarme vuestro oído y convertir vuestro corazón en mi depósito de carga. Allí volqué mi tormento, sospecho que dejándoos más de una vez atormentados. En vuestro gesto de cariño pude constatar la verdad de que una carga pesa la mitad cuando es compartida.

Deporte y comprensión; esfuerzo y adhesión. Descubrí, día a día, el tesoro que subyace bajo un sustantivo tan sencillo como es «familia».

Madre y suegra se confabularon para que «comiese bien», debes hacerlo, insistían; y me obligaban con el inapelable argumento de algún que otro guiso humeante, elaborado con sus expertas manos.

Pero tras el satisfactorio atracón, volvía a aparecer él —sí, el hermano deportista—, y descubría, para regocijo suyo y terror mío, que tras guisos como aquellos solo nos quedaba una opción: desprendernos de los kilos a fuerza de ejercicio.

Nuevamente la carrera, y el paddle [remo], y la bicicleta, y luego la cama, y las friegas con alcohol, y la extenuación... y la satisfacción de saber que uno tiene al lado inmensos baluartes para soportar la tempestad.

Familia, ¡qué maravillosa palabra!

Y la iglesia. Pasé muchos días sin verles, pero ni un solo segundo sin sentirles. Se equivocó quien dijo que la distancia hace el olvido. Eso no es cierto, o no lo es al menos cuando uno forma parte de un cuerpo.

Algunos hablaron conmigo y otros eligieron el cauce de una postal escrita con cautivadora sencillez pero extraordinariamente efectiva. Nunca pensé que una palabra pudiera tener tanto brillo y una frase tanto peso.

Incluso los mensajes de texto [SMS] redactados en ese imposible idioma que quita letras, roba espacios, desprecia la gramática y fulmina la ortografía.

Claro está, precisé de traductor: mi hija, experta en destruir a golpe de tecla el hermoso idioma español. No, papá, ahí no pongas «te echamos muchos años», sino «te echamos mucho de menos», convierten la minúscula pantalla del teléfono en un pedazo de cielo desde el que Dios susurra sentencias curativas y mensajes de aliento.

Y los ángeles anónimos. Dios haciéndose presente y ministrando a mi vida a través de alguien a quien ni siquiera conozco... Hay ángeles anónimos que cumplen fielmente su ministerio.

Y la ciencia. Albert Einstein, el reputado científico alemán nacionalizado estadounidense, tuvo la sabiduría de reconocer y declarar: El hombre encuentra a Dios detrás de cada puerta que la ciencia logra abrir.

No sé quien ni por qué, se empeñó en enemistarles. Dios usa la ciencia cuando guía las manos que extirpan un tumor mediante el frío metal de un bisturí, y del mismo modo puede tomar unos labios y convertirlos en manantial de palabras cargadas con propiedades curativas.

Del mismo modo Dios usa la ciencia —la equilibrada y prudente— para acariciar el alma y dibujar una sonrisa.

Ahora, querido amigo, ya conoces los baluartes que Dios puso a mi lado en medio del cataclismo.

14

El abeto navideño

Dios interviene en nuestra construcción, y si llegara la tragedia,
se involucrará de forma activa en la reconstrucción.

He terminado de leer el relato de mi amigo, y entonces les explico:

—Como en este caso, también mi terapia comenzó con inmensas dosis de la presencia de Dios; fue el bálsamo que sanó mis heridas. Un abrazo de Dios cura mil penas… una caricia de su mano espanta toda amargura. En muchas ocasiones no pude hacer otra cosa que postrarme y esperar, y Él acudió. Siempre, sin excepción; jamás faltó a la cita, y con Él vino mi paz, y mi restauración también. ¡Qué asombroso poder terapéutico habita en la presencia de Dios! ¡Cuánta salud cabe en su abrazo!

—Y Dios usó a Raquel y al viejo pastor, ¿no es cierto? —interroga Tim.

Miro a la anciana, que me sonríe, entonces le digo:

—Cuando acudí a su casa lo hice deshecho. Si yo fuera un administrativo —pensaba—. Si tuviera un trabajo que fuera simplemente un empleo y no otra forma de matrimonio.

»Meditando en eso llegué ante la puerta azul —paro un instante y reflexiono—: ahora caigo en que es azul, igual que un cielo de verano, y eso fue para mí durante aquellas jornadas —guardo silencio un instante, rememorando los hechos—. Aquel día, mientras hacía acopio de fuerzas para llamar, las palabras de la doctora resonaban en mi mente: Retírese de la primera línea de fuego y adquiera un buen escudo protector si pretende seguir en la lucha...

»Necesitaba un escudo y fui a buscarlo a casa de mi viejo pastor —de nuevo fijo mis ojos en Raquel—. Allí comencé a surgir de mi marasmo. Cada lunes supuso una gozosa espuela que me impulsó a escapar de mi desastre. Fui a buscar un escudo y una inmensa coraza me fue dada. Allí Dios me dijo: Estás mejor en mis manos que en las tuyas. Aún tienes victorias refulgentes que ganar.

Miro a Raquel calibrando si mis palabras, y el recuerdo de su marido, le afectan para bien o para mal. Su sonrisa es una respuesta inconfundible, así que prosigo.

—El cuerpo... y sobre todo el alma de mi viejo pastor eran un completo catálogo de cicatrices obtenidas en el fragor de la lucha. Cada una de ellas se convirtió en poderosa credencial para entrenar a otros soldados. Porque toda una vida alistado no solo le curtió, sino que le impregnó de una sabiduría insondable.

—¿Qué te transmitió? —interroga Tim impaciente—. ¿Qué cosas aprendiste?

Medito un instante la respuesta:

—Está bien —siento que ha llegado el momento, y así lo digo—: Es la hora de transferir los consejos —miro a Tim y le confieso—: tuve dudas sobre si deberías ser tú la primera persona a la que hiciéramos partícipe del tesoro, pero ya no las tengo. Te corresponde conocerlo.

Miro, no obstante, a mi esposa y a Raquel, ambas asienten sin perder la sonrisa, así que me dirijo al despacho.

Me detengo ante el caos de mi mesa y tomo, uno por uno, los pergaminos. Con extrema lentitud y cuidado, como quien cumple con un rito, los enrollo y deposito, en riguroso orden, dentro del cofre. Entonces regreso a la cocina.

—Me has preguntado qué fue lo que aprendí con mi viejo pastor. ¿Por qué voy a contarte lo que puedes leer tú mismo? —le entrego el pequeño arcón de madera y él lo toma sorprendido—. Quiero que leas detenidamente estos pergaminos.

—¿Puedo hacerlo ahora? —interroga con gesto suplicante.

—Claro que sí; en mi despacho tendrás tranquilidad.

Me llama la atención la manera en que Tim abraza la caja de madera. Lo hace con evidente deleite, casi con codicia.

—Tenemos trabajo —advierte Raquel—. Yo cumplí mi parte del trato quedándome a dormir. Ahora os corresponde a vosotros; nos aguarda el abeto navideño.

—Pues vamos a ello, ¡decoremos el árbol! —replica, feliz, María—. No os podéis imaginar las ganas que tenía de hacerlo.

—¿Os importa que yo no participe? —pregunta el joven con timidez—. Me gustaría leer esto.

—Quedas liberado de la extraña responsabilidad de adornar un árbol para despedir a la Navidad —le digo sonriendo—. Disfruta de tu lectura.

Durante las siguientes horas nos esmeramos en vestir al abeto con las mejores galas navideñas. A medida que coopero colocando una bola aquí y una estrella allá, me doy cuenta de que estoy disfrutando. María tenía razón, habría sido una pena recordar estas navidades como las primeras en las que no se decoró nuestra casa.

Disfruto especialmente con la emoción de María que, cada vez que coloca un adorno, parece seguir una liturgia meticulosamente calculada: lo presenta con la mano y se aparta todo lo que su brazo le permite. Desde esa distancia lo contempla, moviéndose a la derecha, deteniéndose en el centro y observándolo por último desde la izquierda. Superada la prueba el adorno queda expuesto sobre la rama del árbol. Pero el examen continúa: María se retira un par de pasos y desde allí repite la operación, contemplando la figura desde todos los ángulos posibles.

—¿Está bien ahí? —pregunta entonces; como si el pormenorizado estudio no hubiera sido suficiente—. ¿Se ve bonito en esa rama?

—Está perfecto —le digo.

—¡Pero si no lo has mirado!

Miro y repito el veredicto:

—Perfecto, te lo aseguro.

—Pues creo que quedaría mejor en esta otra rama —replica indefectiblemente.

Para ella es un deleite... para mí una tortura.

El proceso se repite ciento cincuenta veces. Tantas como adornos vestirán al árbol. Suficiente para acabar con la paciencia de cualquiera, excepto con la de María, que disfruta como un niño poniendo y quitando, y volviendo a poner para volver, enseguida, a quitar.

—Nunca vi nada parecido —ríe Raquel disfrutando a todas luces del espectáculo y en especial de mi enfado.

Deben haber pasado no menos de tres horas cuando María se retira un par de metros del árbol, emula una lograda reverencia y señala con afectación al abeto:

—¡Tachan! —vuelve a inclinarse ceremoniosamente y añade—: Damas y caballeros —un silencio estratégico y enseguida proclama—: ¡Les presento al mejor árbol de Navidad que jamás haya decorado una casa!

—Querrás decir el mejor árbol de la No Navidad —río—. Te recuerdo que estamos a 27 de diciembre. Además todavía no está terminado del todo, falta la estrella.

—¡No estropees mi ilusión! —me regaña—. María tiene razón —Raquel sale en su ayuda—. ¿Acaso has olvidado tan pronto las palabras de Tim?

—¡Eso! —reprocha mi esposa y recuerda la reflexión del joven—: Cada día debería ser Navidad en nuestro corazón...

—Hablando de Tim —comenta Raquel—. ¿No os parece que tarda demasiado?

—Tiene razón —admito. Y añado con ironía—. En el tiempo que llevamos invertido en decorar este pequeño árbol Tim ha podido leer los pergaminos y hasta tres veces el Pentateuco. Voy a ver —digo dirigiéndome a mi despacho.

Al abrir observo que Tim está arrodillado sobre mis almohadones, de espaldas a la puerta. Lee absolutamente concentrado, tanto que no se da cuenta de que le observo. La imagen me resulta inspiradora, me recreo en ella durante unos segundos y vuelvo a cerrar sin molestarle.

Poco después, ¡por fin!, todos los adornos encontraron su lugar definitivo y aquellos que sobraron, así como los envoltorios y papeles, están recogidos. Entonces sí, el salón parece mucho más alegre y esa alegría es contagiosa. Reconozco que la emoción me embarga; no tanto por haber acabado el trabajo como por la sensación de que, de no haberlo hecho, habría faltado algo importante esta Navidad.

El momento más emotivo llega cuando colocamos la estrella dorada en lo más alto del árbol y con eso damos por concluido el placentero trabajo.

—Apaga la luz —me pide María, y cuando lo hago podemos apreciar la tenue e inspiradora luminosidad que arroja el abeto. Doscientas bombillas blancas nos guiñan entre las ramas creando un ambiente mágico y acogedor.

En medio de esa atmósfera casi reverente acercamos unas sillas y nos sentamos alrededor de lo que, incluso yo, considero una obra maestra.

Tras unos segundos de contemplación María toma mi mano y pregunta:

—¿Habrá alguien más ayudándonos a decorar la casa el próximo año?

Su voz destila nostalgia mientras nuestras miradas confluyen en su vientre que se resiste a perder la tersura.

—Todo tiene su tiempo… —dice Raquel con una sonrisa, mezcla de cariño y empatía.

La quietud que reina en la casa se ve acentuada por el silencio que a continuación los tres guardamos.

Sin que nadie lo diga… sin haberlo calculado ni formando parte de un proyecto… de forma totalmente espontánea, comenzamos a adorar. Las luces del abeto nos transportan al origen de la verdadera luz… la que rasgó el manto de tinieblas y alcanzó a los más recónditos rincones… y también a nuestro corazón.

Raquel, a pesar de su edad y no sin dificultad, se arrodilla, apoya sus brazos sobre el asiento y sigue adorando. Ahora el árbol queda a sus espaldas y también a las nuestras, que imitamos a Raquel.

No vemos ya el abeto, ni tampoco las luces, pero vemos la Luz y la sentimos extraordinariamente cerca mientras adoramos, ese fulgor mágico traspasa el filtro de la piel y nos inunda. Sí, puedo sentir mi interior encendido... como inflamado por una antorcha que me proporciona un calor delicioso...

Justo al abrir los ojos descubro el macetero donde María colocó la flor de pascua. Cada año la renueva. Las flores rojas destellan al recibir el reflejo del árbol navideño. Es invierno pero está florida —o precisamente por ser invierno lo está—. Pienso: Las flores son la sonrisa de Dios, y no hay un invierno, por duro y frío que sea, donde no hallemos su sonrisa... Como la poinsetia, que muestra toda su belleza en el invierno, también Él se nos revela cercano en la estación más cruda del alma; infinitamente tierno... infinitamente amor, nos acuna y abriga en medio de la escarcha.

Lloro y río al sentirme amado, y me parece imposible, en aquella insondable y profunda paz con que se inaugura un tiempo nuevo en mi vida, que pueda haber alguien que permanezca ignorante a la realidad de un Dios tan enorme, y a la vez tan sencillo... y tan cercano también.

15

La despedida

Cuando naciste, tú llorabas y todo el mundo reía. Vive de tal forma que cuando mueras todo el mundo llore y tú puedas reír.

—Anónimo

Es tan sagrado el momento y tan dulce la presencia de Dios que considero imperdonable privar de ello a Tim, por lo que me incorporo y camino a mi despacho.

Abro la puerta lentamente y lo que veo es poinsetia o más bien no veo poinsetia. Solo los almohadones están… completamente vacíos… igual que la habitación. Sobre la mesa descansa el cofre. Descorro la aldabilla y lo abro. Los pergaminos lucen como si nadie los hubiera desplegado. En perfecto orden y cuidadosamente enrollados.

Sé que es inútil pero recorro una vez más la minúscula habitación; ni siquiera me parece ridículo mirar tras las cortinas y debajo de la mesa; hasta abro el armario presa de algo parecido al miedo.

Finalmente he de admitirlo… y al admitirlo lo grito:

—¡Se ha ido! —lo repito una y otra vez irrumpiendo en el salón—. ¡Se ha ido! —es un grito desgarrado que quiebra mi voz y anega mis ojos. Presiento que la ausencia de Tim no será provisional. Algo me dice que nunca más le veré—. ¡Tim se ha marchado!

María y Raquel no dicen nada. ¡No puedo comprenderlo! ¿Es que no les afecta? Dicen que en la final despedida todo ser humano observa, como si de una película se tratase, los trazos más relevantes de su vida. Algo en mi interior está muriendo porque, una tras otra, por mi mente pasan las secuencias compartidas con Tim durante su brevísima estancia entre nosotros.

Los desplantes que le hice me golpean. Mi ceño fruncido me abruma... su sonrisa, sin embargo, me acuna. Revivo los momentos en que mis ojos le observaron recelosos y saboreo la miel de los suyos, donde se diluía todo atisbo de sospecha. ¡Qué torpe fui al dudar de sus consejos!, y que paciente fue él al seguir transmitiéndolos.

—¡Tim se ha marchado! —repito ocultando mi rostro entre las manos—. ¿Acaso no os importa? —mis ojos miran alternativamente a María y a Raquel reprochando su pasividad.

—No se ha marchado —dice María, o más bien lo susurra—. Tim sigue entre nosotros.

Mira al abeto mientras me habla. A la cúspide del árbol donde pusimos la estrella que coronó nuestra obra... Al enfocar mi vista en ese punto descubro que la estrella ya no está, y desde su lugar una figura parece contemplarnos, y sonreírnos también. Se trata de un ángel —o a mí me lo parece— de cabello rubio y lacio. No es, seguramente, el más bello. Ni guapo ni feo; un rostro anónimo fácil de olvidar. Le cubre un abrigo gris demasiado grande, pero su sonrisa opaca todo defecto y destila una dulzura que, escurriéndose por el árbol, nos alcanza a todos impregnándonos de néctar.

No se ha ido. La esencia de Tim sigue con nosotros, pues aunque su rostro es fácil de olvidar, su sabiduría es sencillamente inolvidable.

Toda persona debería tener, al menos una vez en la vida, un mentor y un protegido.

No era mi protegido, medito, ¡claro que no! Tim fue mi segundo protector. Un niño mentor de incuestionable madurez y extraordinaria sabiduría.

—Creo que es tiempo de que yo también me vaya —sugiere Raquel—. Estoy seguro de que precisáis quietud y algo de tiempo para meditar.

Conduzco en silencio hasta la casa de Raquel. Mi esposa, a mi lado, tampoco dice nada, ni tampoco Raquel, sentada detrás de mi esposa y a quien observó de vez en vez, a través del retrovisor. Pero el silencio no es pesado, ni incómodo tampoco. Todos reflexionamos.

La anciana ha recobrado la dulzura: su rasgo predominante vuelve a ser la sonrisa, aquella que parecía cincelada en su rostro y que pareció ensombrecerse con la partida de su esposo... ha retornado ahora y más pura y triunfal que nunca.

También nosotros sonreímos... en nuestro corazón se asentó, por fin, la paz. Hemos llegado a la casa de Raquel y nos bajamos del coche para despedirla.

—Gracias por acompañarnos en estos días, Raquel —beso con respeto y profundo cariño la mejilla de la anciana—. Su estancia entre nosotros ha sido decisiva.

—Soy yo la que os está agradecida —nos abraza. Primero a mi esposa, después a mí, y finalmente a los dos—. Nunca imaginé que esta Navidad sería tan especial... ¡Por cierto! —Raquel echa mano a su bolso y extrae un pequeño papel—. Encontré esto esta mañana; estaba dentro de mi Biblia, pero al comenzar a leerlo vi que era para vosotros y lo guardé; creo que lo escribió Tim... ¡Que Dios os bendiga, hijos! —hace ademán de entrar al hogar.

—No, espere, Raquel. Vamos a leerlo:

¡Es tanto lo que he recibido y tan poco lo que puedo daros!, pero Navidad es tiempo de regalos y quiero dejaros uno. Se trata de la vieja maceta que reposa en vuestro recibidor. Bajo la capa de tierra duerme una semilla: bambú de la china. El proceso de su crecimiento encierra una enorme lección: después de sembrada la semilla esta se riega y se cuida durante cinco años, pero ni la más mínima señal de vida se aprecia en el exterior.

Sin embargo, transcurrido ese periodo una brizna de esperanza rasga la tierra y se inicia entonces un crecimiento prodigioso. En seis semanas el árbol alcanzará una altura de treinta metros.

Durante un lustro solo hubo trabajo, cuidados y espera. Nada se vio. Pero en una esfera alejada de la vista algo impresionante se fraguaba: una compleja estructura de raíces se estaba formando. Solo así sería capaz de sostener el crecimiento extraordinario que tendría lugar al quinto año.

Disculpad mi atrevimiento al transmitir la siguiente enseñanza; sé que siempre preferiste maestros más veteranos: varías veces te oí decir que el invierno se te antoja largo, y muy dura la ausencia de fruto.

La vida a veces se comporta como el árbol de bambú. Se requiere una espera activa —con frecuencia larga—, regando y abonando, para recoger, al fin, el fruto. Pocas cosas son tan difíciles como la espera, pero aguardar el tiempo de Dios siempre vale la pena. Un golpe dado en su tiempo resultará más rentable que mil lanzados al aire con precipitación e impaciencia.

Sigue regando con oraciones la semilla de tus sueños y proyectos. Empápalos con el agua de la esperanza y no dejes de abonarlos con la fértil confianza en Dios. La oscura tierra se verá al fin salpicada con el color de la vida que anuncia una abundante cosecha.

—¿Verdad que tenía razón cuando os dije que necesitáis quietud para meditar? —susurra Raquel.

—Es cierto —admite María y me mira—. Volvamos a casa… hay mucho en lo que reflexionar.

16

Sabiduría en pergaminos: El néctar que dejó mi pastor

Leer los pergaminos fue lo último que hizo Tim durante su estancia entre nosotros, y es lo primero que María y yo hacemos al llegar a casa. Nadie lo ha propuesto; es una iniciativa espontánea: nos sentamos junto al pequeño cofre y, lentamente, lo abro y extraigo el pergamino marcado con el número uno.

17

Empezamos con el pergamino número uno

Cuando leas esto yo ya no estaré. Quiero decir, no estaré a tu lado, aunque lo cierto es que estaré en el más pleno sentido de la palabra: Habré terminado mi carrera y disfrutaré del ansiado galardón de contemplar a mi Señor cara a cara. Gracias por tu fi el compañía en el último tramo del camino. Gracias, también, por aceptar el reto de continuar la labor y entrar a labrar el terreno al que otros hemos dedicado toda nuestra vida.

He decidido resumir, a modo de memorando, los principios que lunes a lunes hemos compartido. Te será útil recordarlos.

Si a alguien ayudé, si para algo sirvió lo que hice, lo debo a la gracia de Dios y a la determinación con que he mantenido estos principios. Henry Van Dyke dijo, acertadamente: «El día de tu muerte sucederá que lo que posees en este mundo pasará a manos de otra persona, pero lo que tú eres será tuyo por siempre». Me llevo lo mejor: Mi salvación, la conciencia de haber vivido para cumplir un altísimo propósito y el gozo de haberlo hecho junto a la persona a la que amé con *todo mi corazón: Raquel. De lo poco que dejo, quiero que conserves mi legado más valioso: este ramo de flores en forma de principios que darán vida y autoridad a tu ministerio. He dado en llamarlo: Quince rosas rojas, como gotas que descienden de la cruz. Rojas, como la sangre que tiñó la cruz y sobre la que se sustenta cuanto somos y hacemos... Rosas, como las que te sorprendieron cada lunes, abriéndose al corazón de la noche. Y rosas, también, para recordarte que la flor más codiciada puede cobijar afiladas espinas, y quien quiera mostrar al mundo su belleza, habrá de hacerlo a riesgo de marcar con su sangre el camino.*

No es diferente el ministerio, con frecuencia lo ejercemos bajo un radiante mediodía, pero hay frutos que maduran solo bajo la luz de la luna y plantas de enorme belleza que se dan en lugares sombríos. Por eso a veces anochece.

Te sugiero que memorices y vivas estos principios. No los subestimes por haber surgido del trémulo pulso de este viejo pastor. Recuerda que a veces un reloj roto es capaz de dar la hora exacta.

Una última y encarecida petición: cuidad de Raquel, es el tesoro más grande que Dios me ha concedido en la tierra.

Termino, ahora sí. Enumeraré primero los principios para luego, con calma y en detalle, examinarlos uno a uno: Cuando quieras puedes comenzar a desgranar este ramo de rosas.

Pese a que ya los leyó en un par de ocasiones, percibo en María una creciente curiosidad que aviva su nerviosismo; quita la cinta del segundo pergamino y me lo entrega desplegado.

18

Primer principio

Todo comienza amando a Dios.

O amamos a Aquel a quien servimos o nuestro servicio se convertirá en trabajo.

El principio de todo es Dios y para servirle tendrás que conocerle, y conociéndole te será imposible no amarle.

La verdadera pregunta no es: ¿En qué sirves?, sino: ¿A quién sirves?

No es lo mismo servir al Señor que trabajar en la iglesia... ni siquiera es parecido.

No trabajes para la iglesia de Dios, trabaja con el Dios de la iglesia.

Algunos encuentran su identidad en lo que hacen y no en lo que son.

Cuando dejan de hacer, dejan de ser.

Si pierden su posición pierden su identidad.

Tú no perteneces a ese grupo: no vales por lo que haces sino por lo que eres.

Podrán relegarte y hasta degradarte. Eso afectará únicamente a tu posición pero nunca a tu principal activo, a tu inmenso patrimonio: lo que tú eres. La esencia de ti mismo que no se sustenta en títulos, rangos o condecoraciones.

Mantendrás intacto tu valor, pues está en ti, y eso no puede arrebatártelo nadie... ni siquiera la muerte. Y nuestra identidad se completa al mirarnos en el espejo de la presencia de Dios. Todo comienza en Él.

No trabajes para la iglesia de Dios, trabaja con el Dios de la iglesia.

De esa intimidad brotará un estímulo extraordinario que te catapultará a nuevos cielos de servicio y comunión. La conversación íntima con Dios convierte al siervo activo en instrumento efectivo.

Cada línea redactada me hace evocar los encuentros con mi viejo pastor. Es mi cuarta lectura de esas sabias palabras, pero no puedo evitar emocionarme.

Sin apenas darme cuenta he comenzado a llorar y debo poner mucho cuidado al secar la lágrima que, cayendo sobre la superficie escrita, amenaza con diluir la tinta.

19

Segundo principio

Observa y preserva la salud de tu familia.

Una de las credenciales más poderosas de tu ministerio es tu familia, comenzando por tu matrimonio.

Protégelo como al tesoro más alto que se te ha encomendado custodiar. Si buscas la excelencia, comienza en el trato con los tuyos. Si has de exponer un trofeo, que sea tu hogar. Ningún éxito en la vida justifica el fracaso en el hogar. Uno de los regalos más grandes que podemos dar al mundo es nuestra familia.

He dedicado toda mi vida al ministerio cristiano y una de las más firmes conclusiones que he sacado es que servir a Dios no es incompatible —¡en absoluto! — con dedicar al matrimonio el tiempo y la atención que requiere. Atender a su rebaño no está reñido con dar a nuestros hijos el tiempo y cobertura que precisan. Por el contrario, si fuiste llamado a cuidar de una congregación no olvides nunca que tu familia es la parte más importante de ella.

Reforzar tu hogar confiere solidez a tu ministerio.

¡Vigila y cuida con esmero la relación que mantienes con la persona con quien decidiste compartir tu vida! No te dejes embaucar por ofertas tentadoras ni seas tan necio como para comparar a tu cónyuge con el resto.

La comparación es la ruleta rusa del matrimonio: Comienza de forma sutil: «¡Cómo me gustaría que mi esposa fuera tan simpática como aquella!», «¡Ojalá mi esposo fuera tan conversador como aquel!», el enemigo trabaja con guantes de seda, pero su objetivo es la destrucción.

Tu adversario no es malo... es cruel. Su objetivo no es herirte, sino destruirte. Y tiene una fijeza obsesiva con los hogares de quienes sirven a Dios. No prestes ojo ni oído a tentaciones que puedan perjudicar tu matrimonio. La correcta relación con el cónyuge y con los hijos dota de autoridad al que sirve.

La manera en que un hombre trata a su esposa... la forma en que una esposa obra con su marido... la dignidad con que se conducen sus hijos, son mensajes que lanzamos al mundo. Auténticos mensajes redactados en los renglones de nuestras actitudes. Sermones sin palabras, pero con una poderosa capacidad de persuasión.

Y como eco a las reflexiones que hemos leído, María toma mi mano y me sonríe mientras extiende el siguiente pergamino.

20

Tercer principio

Dedica tiempo de calidad a la Biblia.

«La Biblia, toda la Biblia y nada más que la Biblia es la religión de la iglesia de Cristo. Y basta que a esta volvamos, la iglesia habrá de sufrir».[1]

Ningún otro libro te hará crecer tanto como este. Cualquier volumen informa, pero la Biblia transforma. Los tratados contienen datos… la Biblia contiene poder… la Biblia es poder.

Si la conviertes en tu libro de trabajo leerla será una ardua obligación. Haz de ella la colección de cartas de amor que Dios ha escrito para ti. Nunca asfixies tu Biblia con tu agenda. No seas un siervo de humo en la chimenea sin fuego en el corazón.

¡Y predica la Biblia!

¿Por qué son tan pocos los lugares en los que se enseña la auténtica Palabra de Dios? Puede haber mensajes más populares, pero ninguno más poderoso. No te enfoques en lo que asombra, sino en lo que transforma: el sencillo pero poderoso mensaje de la Palabra de Dios. Para predicarla debes leerla y para leerla tienes que amarla.

Nútrete de la jalea real divina, de otro modo te secarás. Podrás seguir dando consejos mientras tu cerebro funcione, pero estos carecerán de la frescura del cielo. Hablarás como quien tiene que decir algo y no como quien tiene algo que decir.

Pero aun el mejor alimento hay que saber administrarlo. Por eso predica la Biblia, pero hazlo con gracia. No llenes el tiempo de palabras sin llenar las palabras de vida.

La Biblia es un libro apasionante y debe ser predicada con pasión. Algunos convierten el oro más fino en bisutería barata por la forma en que lo presentan. Que tu mensaje sea profundo pero accesible. Huye de la superficialidad, pero no escribas tus sentencias en las nubes, donde nadie pueda alcanzarlas. Una frase cargada de sentido alimenta más que un discurso cargado de palabras.

El verdadero predicador, aquel que tiene algo qué decir y talento para expresarlo, es una persona que alimenta corazones adultos y deja satisfechos los corazones de los niños. Doctores en divinidad tocados con la gracia de la sencillez. Rebaten a un sabio y cautivan a un niño, porque transmiten verdades elocuentes con frases y ejemplos sencillos.

No busques impresionar, sino alimentar. No hace falta gran retórica para hacer un gran mensaje. Y no olvides nunca que un mensaje grande no es lo mismo que un gran mensaje.

Tuvo razón quien dijo que hay que callarse antes de haberlo dicho todo. En palabras de Winston

Churchill: Una buena conversación no debe agotar el tema, y mucho menos a los interlocutores.

Y el volumen de tu voz. No confundas unción con transpiración ni grito con autoridad. Hay susurros tan poderosos que despiertan a los dormidos y ponen en pie hasta a los muertos; hay gritos tan estridentes que apagan la voz de Dios. No regañes a la iglesia; amándoles recuérdales cuánto les ama Dios. Alimentándoles convénceles de cómo les cuida Dios.

Es ella, María, que después de quitar con delicadeza la cinta, comienza a leer en voz alta lo que está escrito bajo la cruz que encabeza el documento.

21

Cuarto principio

O amas a quienes sirves o terminarás
por dejar de servirles.

Déjame que te refiera la conversación que mantuve con un joven dotado de carisma e innegables cualidades, pero que vino a verme muy enfadado. ¿El motivo? Tuvo un fatal encuentro con una de esas personas dotadas de una especial habilidad para exasperar hasta a un muerto.

—¡Me saca de mis casillas! —replicó en cuanto nos vimos. Y me sorprendió su tono crispado, nada habitual en él—. Es imposible amarle. Soy incapaz de sentir ni siquiera aprecio por personas de ese tipo.

Comencé, entonces, a recitarle la más preciosa descripción del amor que jamás se haya elaborado:

—El amor es paciente, bondadoso, no desarrolla envidia, no se porta indecorosamente, no se irrita, no guarda rencor, no tiene en cuenta el mal recibido... (1 Corintios 13).

—*Espere pastor* —me interrumpió sin abandonar la crispación—, *no vine a hablarle de mi matrimonio, sino de mi iglesia.*

—*Debes recordar* —le dije intentando que su enfado no afectara mi calma— *que, en alguna medida, ser pastor te casa con la iglesia, y como a una esposa debes tratarla: con enormes dosis de amor. Por otro lado* —añadí—: *te refieres a «tu iglesia», y eso es una gran temeridad. Por fortuna el rebaño que pastoreamos no nos pertenece. Es de Dios y no nuestro, lo cual nos marca ciertas limitaciones pero nos libera de enormes complicaciones. Él es el responsable máximo y yo un administrador temporal. Debo ejercer mis funciones con fidelidad y responsabilidad, pero recordando que cuando mis fuerzas falten, mi creatividad mengüe o mi capacidad se extinga. Estará Él, cuyas fuerzas nunca faltan, su creatividad es infinita y su capacidad inagotable.*

Aun en nuestro estado más óptimo y en nuestra etapa más brillante la iglesia no avanza, ni tan siquiera subsiste, gracias a nosotros, sino a pesar de nosotros. No es nuestra iglesia, es «su iglesia». Asimilar que es el cuerpo y a la vez la esposa de Jesús, te hará mucho más fácil amarla.

Todo lo que le dije a aquel joven, hoy te lo repito a ti: sirve con amor y ama a los que sirves.

Ámales lo suficiente como para estar dispuesto a dedicarles el resto de tu vida. No seas de los que cambian de rebaño al primer inconveniente. Los pastores de paso nunca consiguen ser pastores de peso. De modo especial ama a los más difíciles. Quienes más nos hieren son los que más le necesitan.

El amor es el único motor capaz de soportar los rigores del servicio, la única fuerza capaz de mantenernos en los momentos duros y la motivación suficiente para seguir sirviéndoles a pesar de las decepciones.

Detrás de una persona malhumorada, exigente y déspota, suele haber un ser humano que sufre y que se ha construido un gran caparazón de ira para combatir ese dolor. Esa coraza solo se derrite bajo el fuego del amor. Un gesto ceñudo, agrio y malhumorado suele ser un grito desesperado que dice: ¡Necesito una sonrisa!

Por otro lado, la sobreexposición —así definen los especialistas a la saturación que pueden experimentar quienes sirven a los demás— puede intoxicarte y convertirte en alérgico a las personas.

Jesús buscaba tiempos de soledad en los que se desconectaba de todo para conectarse con Dios. Luego regresaba a las multitudes renovado.

Moisés, al borde de la intoxicación, recibió un sabio consejo: «Permanece delante de Dios….» (Éxodo 18.19).

Al dosificar adecuadamente y huir de los extremos, nuestra exposición a la gente nos llevará a seguir sirviéndoles con alegría. «Venid vosotros aparte, a un lugar desierto, y descansad» (Marcos 6.31) fue una premisa de Jesús para sus siervos.

Nos miramos y sonreímos al recordar determinados episodios que nos hirieron mientras servíamos a Dios. Es un privilegio rememorar esos hechos y percibir que ya se cerró la herida… no hay dolor en el recuerdo porque el amor cubre todas las faltas.

22

Quinto principio

Eres valioso.

Dios no diseña ruinas y tú eres un diseño del Altísimo.

La única etiqueta válida del precio es la que tú mismo te apliques. Si te valoras muy bajo, el mundo estará de acuerdo. Si, por el contrario, lo haces apreciando los enormes valores y talentos que sin duda posees, el mundo aceptará de buen grado esa valoración.

Todos nos sentimos abrumados al calcular la envergadura del ministerio. Pero debes recordar que Dios no elige a los capacitados, sino que capacita a los elegidos. A veces sentimos que lo que hacemos es una gota en el mar, pero el mar sería menos si le faltara esa gota.[1]

Eres valioso, no lo dudes. Cuando Dios te diseñó quedó tan complacido que rompió el molde, diciendo: «Será una pieza única». No eres uno entre un millón, eres uno entre los siete billones de personas que pueblan el planeta tierra.

Cierta vez tuvo lugar una extraordinaria competición en la que, entre cuarenta millones de espermatozoides, uno solo, concreto y determinado, fecundó en el único ovulo que una mujer, aquel mes y no otro, desprendió de entre los más o menos doscientos mil con los que inició la pubertad. ¿El resultado? Lo tienes enfrente cuando te miras al espejo.

Eres fruto de la fusión de dos elegidos entre miles y millones… resultado de la combinación de dos competidores invictos; corrieron y se alzaron victoriosos… Eres la mezcla de dos triunfadores. Deja de compararte con otros y de codiciar sus talentos.

«Cometen una tontería los que se miden y comparan unos con otros», (2 Corintios 10.12, DHH). Pensamos de forma mezquina, como la rana en el fondo del pozo. Si saliera a la superficie tendría una visión muy distinta.

No hay personas sin recursos. Tan solo hay estados mentales sin recursos. Decir que no sirves para nada es limitarte totalmente. Es castrarte, convertirte en eunuco o practicarte una autoablación cerebral.

Henry Ford, el gran industrial del mercado de la automoción, declaró una gran verdad: «Di que no puedes, di que sí puedes. En ambos casos tendrás razón». Bernard Shaw le dio la razón a su manera, al convertir en principio de vida la siguiente reflexión: «Ves cosas que son y dices: ¿por qué? Pero yo sueño cosas que nunca fueron y digo: ¿por qué no?»

La Biblia nos enseña a cauterizar nuestro pensamiento y no ser nosotros cautivos de nuestra limitadísima mente. Recuéstate en el corazón de Dios y sueña; despierta luego y vive para hacer realidad ese sueño.

Cuando llegue el agotamiento, repítete: «Que no haya logrado mi objetivo, significa simplemente que TODAVÍA no lo he alcanzado».

Solo una cosa vuelve un sueño imposible: el miedo a fracasar. ¿Oíste alguna vez la siguiente expresión?: «Como no sabían que era imposible lo hicieron». Aplícala a tu vida y recuerda: Una gran fe en un gran Dios hará grandes cosas.

Dios te ha creado como un ser único para un fin específico. Deja de mirar lo que otros hacen y céntrate en ti, en cómo Dios te ha hecho y en para qué te ha diseñado, entonces triunfarás.

Solo tú puedes ser tú. Mientras concluyo la lectura intuyo la atención de María y alzo mis ojos para clavarlos en los suyos. Su mirada se convierte en una caricia y la presión de su mano en la mía se acentúa un poco... solo un poco, pero suficiente para que perciba la pregunta: ¿Serás capaz de creértelo? ¿Podrás admitir que eres valioso?

Sonrío y asiento levemente con la cabeza. Solo entonces toma el siguiente pergamino y me lo entrega.

23

Sexto principio

Sé capaz de perdonar y también de perdonarte.

Es imposible avanzar arrastrando el peso del rencor. Este actúa de grilletes en nuestras manos y cadenas en nuestros pies, anclándonos al suelo e impidiéndonos volar.

El sabio Aristóteles, aquel aventajado alumno de Platón, nos advirtió lo siguiente: «Cualquiera puede enfadarse, eso es muy sencillo. Pero hacerlo con la persona adecuada, en el grado exacto, en el momento oportuno, con el propósito justo y del modo correcto, eso, ciertamente, no resulta tan sencillo».

El odio es inútil y además muy peligroso. A quien te ofendió no le hará el más mínimo daño, pero agrandará tu propia herida de forma desmesurada. Odiar mata, pero no al odiado, sino al que odia. Libérate del peso del rencor mediante la sublime tijera del perdón. Durante un huracán son los árboles más rígidos los que se quiebran, la hierba flexible permanece.

Perdonar no es un sentimiento, sino una decisión.
No esperes a sentir el perdón, simplemente otórgalo.
Nunca es demasiado pronto para decidir hacerlo. ¿Dices
que no sabes perdonar porque sigues recordando la ofensa?
Perdonar no es olvidar sino recordar lo que te hirió y dejarlo ir.

Tendrás, también —y pon en esto toda tu atención—, que
perdonarte a ti mismo.

Los siervos efectivos dejaron de serlo el día en que erra-
ron y decidieron vivir el resto de sus días lamentando su error.
Eso mata a cualquiera. Una equivocación solo se convierte en
falta cuando se persevera en ella. Caer está permitido, ¡levan-
tarse es obligatorio!

Para aprender... perder. Como me enseñó la magnífica
profesora que impartía Lengua Española en mi escuela:
«Herrando y errando se aprende el oficio». Autorízate a
errar y cuando lo hagas reconócelo y aprende del fracaso; eso
te hará más fuerte y también más sabio.

Levántate cuando tropieces. Comienza de nuevo cuando
te equivoques. Una persona fuerte es aquella capaz de sobre-
ponerse a sus fallos, aprender de ellos y colocarse de nuevo
en la línea de salida. Ni el primer triunfo significa victoria, ni
el primer fracaso derrota.

Fracaso no es fallar, fracaso es no intentarlo. No
perderás la batalla por haberte equivocado, sino por no
recomenzar. Recuerda la máxima de José María
Gabriel y Galán: «Nunca es infinito el éxito ni perenne
el fracaso».

Una caída hacia delante puede ser un gran paso
y una patada en el trasero un gran impulso hacia
arriba. Solo es necesario tomar la decisión de con-
vertir el menosprecio en trampolín. Los éxitos

estimulan; los errores enseñan. Tu mejor maestro es tu último error.

Durante aquella infancia en la que fuimos grabando el disco duro de nuestra mente, nos escondieron la profunda lección de superación y mejora que se esconde detrás de cada error. Nadie nos impartió esa asignatura: la cultura del error. Y así crecimos, con un potente freno en el cerebro: el miedo a aceptar la equivocación.

De esto no están libres quienes sirven a Dios. Una enfermedad que está destruyendo valiosos ministerios se llama «perfeccionismo». Desplegar nuestro servicio desde una expectativa perfeccionista y en extremo autoexigente nos hunde. Es correcto perseguir la excelencia porque Dios merece lo mejor, pero quien se enreda en un espíritu perfeccionista se vuelve intolerante consigo mismo y con los demás.

El perfeccionismo siempre viaja de la mano de la frustración. Las altísimas expectativas son un atajo a la desilusión y al abandono. La búsqueda de la excelencia erige altares al Dios del siervo, pero la obsesión por lo perfecto cava tumbas para el siervo de Dios.

Busca ayudar sin asombrar, servir sin destacar y alumbrar sin deslumbrar. Ante la oscuridad una sencilla vela es más efectiva que una explosión de fuegos artificiales tan asombrosa como efímera. No busques asombrar, sino transformar.

Despliego el siguiente documento y durante un instante lo miro. La letra de mi viejo pastor, siempre elegante, se dibuja ahora más inclinada y con trazos oscilantes. Es evidente que a medida que avanzaba en su póstuma misión su reserva de vida se agotaba al mismo ritmo que lo hacía el depósito de su estilográfica.

24

Pisa la tierra siempre. Incluso después de tus mayores
triunfos, recuerda que tus pies siguen siendo de barro.

Sobreponerse a los fracasos es importante; sobreponerse a los éxitos es vital. Más difícil que superar un fracaso es vencer un triunfo.
El principal enemigo de tu conquista de mañana es tu conquista
de hoy. Las medallas pueden pesar tanto que dificulten nuestro
avance. ¿Logros? Haz con ellos como con el chicle, tras saborear-
los tíralos. De lo contrario te impedirán enfocarte en lo que sigue.
Sobreponte a los errores, pero no dejes que tus triunfos te aplasten.
  Inmediatamente después de su soberbia, lo que salta a la
vista en los soberbios es su soledad. La fachada del orgulloso es tal que uno no llega apenas ni al umbral; se queda
ante ella perplejo. Cuando uno entra —si lo logra— se
encuentra solo; no hay nadie allí. Lo mejor es salir de nuevo
y sentarse otra vez ante la fulgurante fachada o, mejor aún:
ir en busca de alguien humilde; no habrá allí soledad. Esas
casas suelen estar abarrotadas de vida y alegría.

Créeme, vi a intrépidos guerreros destruyendo a feroces enemigos para morir luego aplastados por su propia victoria. Empresas que tuvieron un triunfo y quisieron luego crecer rápidamente. Personajes que a raíz de un éxito se creyeron hiperexitosos y desafiaron al poder establecido, parias mentales que se atribuyeron todos los méritos y despreciaron la fuerza y el esfuerzo de sus colaboradores. La lista es infinita, pero siempre tiene un denominador común: la soberbia. Cuando se da esa condición, de forma inevitable lo que había sido una ascensión inicia su rumbo hacia el nublado precipicio del fracaso.

Después de alcanzar la cima solo quedan dos opciones: permanecer en ella o descender. Permanecer requiere una actitud vigilante, no confiada, humilde y trabajadora.

Dios dio instrucciones muy precisas para la construcción del tabernáculo, su casa en el desierto. Lo hizo con todo lujo de detalles; no dejó nada a la imaginación sino que su proyecto era exhaustivo y concreto. No faltaba detalle acerca de lo que debía estar y lo que no tenía cabida. Entre las cosas ausentes destacan tres: No habría ventanas porque la única luz admitida era la que arrojaba la presencia de Dios y la que se desprendía del candelero. No habría sillas, para que quienes estuvieran dentro recordaran que el verdadero descanso proviene del Señor y aquellos que le sirven deberán estar siempre alerta, apercibidos y dispuestos.

Lo tercero que no tenía cabida era otro suelo que no fuera la misma tierra. Nada de alfombras ni de suelos de madera o de cerámica. Solo tierra. De este modo los que allí servían tendrían siempre presente cuál fue su origen: la tierra; el barro. Por mucho que Dios te use no olvides jamás que provienes de la tierra y que tus pies son de barro.

¿La gran tragedia de una iglesia? Convertir su altar en escenario. Sobre el altar viene el fuego de la presencia de Dios. Sobre el escenario se lucen las estrellas… altar o escenario, tendremos que elegir. Cuando una persona: músico, maestro, orador, cantante, equilibrista… quienquiera que sea, ocupa el altar para exhibirse y no para mostrar la majestad de Dios; cuando alguien usurpa el trono de Dios, el altar se ha convertido en escenario y se fragua la tragedia…

Es admirable la forma en que un pergamino edifica sobre el anterior y prepara el terreno para el siguiente. Mientras leo, medito y voy siendo consciente de que hay riquezas mayores que los valores tangibles... cada uno de los principios que extraigo de este cofre supone una joya de valor incalculable.

25

Ora. Habla con Dios y deja que te hable.
Haz de esto un hábito.

«Hábitos», nuestro carácter se forma a través de ellos. La calidad de nuestro carácter viene determinada por la de nuestros hábitos; y uno que, de forma inexcusable, debe estar presente en la vida de quien sirve a Dios es el de la oración.

El siervo de Dios debe orar, entre otras cosas porque la oración es la factoría de la humildad. La oración eleva nuestro espíritu pero aprieta, a la vez, nuestros pies sobre la tierra. Un vistazo a su gloria arranca de golpe todas las medallas del pecho, nos despoja de los títulos y nos apea del pedestal.

¿Qué harás para brillar cuando estés junto al sol? Es absurdo exhibir la propia luz junto a un astro que deslumbra. Debemos orar también porque la oración aguza el filo de nuestra espada. Cuando el hacha se embota tenemos que invertir el doble de energía para obtener la mitad de rendimiento.

A veces lo más sabio es detenerse, interrumpir la tala y afilar el hacha. Así, con la mitad de esfuerzo, obtendremos enormes resultados. La íntima comunión con Él renueva nuestro filo y transforma lo activo en efectivo. Minutos con Dios hacen rentable el día. Horas con Él convierten en triunfante la vida.

Otra de las herramientas del siervo de Dios es la palabra. También esta se afila en la oración. Recuerda que no hablas ante personas, sino a las personas. Para hablarles a ellos, debes hablarle antes a Él. Al visitar el corazón de Dios encontrarás la ruta al corazón del hombre... Si eres afectado por Él, tu servicio afectará a quienes sirvas.

No puedes ser buen orador sin antes ser un buen orante.

En cierta ocasión traté de extraer la sabiduría y experiencia de un pastor veterano. Para ello le planteé la siguiente pregunta: «Al reflexionar en su vida y ministerio, ¿qué cambiaría si pudiera comenzar de nuevo? Mencione tres cosas». Respondió con inmediatez y extraordinaria firmeza: «Pasaría más tiempo con Jesús. Pasaría más tiempo con mi esposa. Pasaría más tiempo con mis hijos».

Muchas iglesias padecen de un exceso de programación y un gran déficit de unción. ¿La causa? Montañas de proyección y migajas de oración. Acumular actividad olvidando la intimidad constituye el atajo al fracaso. No hay vida más vacía que la que está llena de movimiento desde la mañana hasta la noche; y lo mismo puede aplicarse a una iglesia. Que nunca la programación asfixie a la adoración. Una iglesia nunca será más grande que su altar, ni llegará más alto que este.

Hay cientos de lugares donde abundan las emociones, pero no las transformaciones. Si recorriendo *el mundo encuentras un lugar donde se acumulen vidas transformadas por Dios, quédate allí; no te alejes porque habrás hallado un altar vivo...*

No hemos podido evitarlo. En este punto María y yo cerramos los ojos sobre el pergamino abierto y oramos. Nuestras voces se mezclan en un clamor sincero rogando a Dios la sabiduría suficiente para darle a Él la preeminencia. Para no dejar pasar un día sin conversar quieta y profundamente con Él... hablarle, sonreírle y escucharle...

María detecta mi emoción en el tembloroso pulso con el que intento quitar la cinta del siguiente pergamino. Con delicadeza, y mucho más tranquila que yo, lo toma y lo despliega.

26

Noveno principio

Ríe cuanto puedas. Hazlo todos los días.

Aprende a reír todos los días porque la risa es un don del cielo que contiene propiedades curativas. Ignoro quién acuñó la siguiente frase, pero sin duda fue alguien sensato: «No te tomes tan en serio la vida; al fin y al cabo ninguno saldrá vivo de ella».

Soy un defensor militante de la risa. Creo que la vida, antes que nada y por encima de todo, es alegría. Siento profunda simpatía por aquellos que enfrentan la vida con el arma juiciosa de sus carcajadas y sincera admiración por quienes ostentan el altísimo don de provocar en otros la risa incontenible.

Comparto también, absolutamente, la opinión de Leonardo Da Vinci, que dijo que, si fuese posible, se debería hacer reír hasta a los muertos; y soy tentado a afirmar la aseveración del Corán cuando dice: «Quien hace reír a sus compañeros merece el Paraíso».

Temo que un ardiente viento de solemnidad, preocupación y ansiedad recorre las iglesias. Ese soplo ardiente deja a su paso una generación de líderes apesadumbrados que no reflejan el gozo de la salvación. Arnold Glasgow declaró una gran verdad al decir: «La risa es un tranquilizante sin efectos secundarios». Ríe cuanto puedas. A esto te ayudará el mantener un adecuado equilibrio entre trabajo y descanso.

Cuida tu salud y práctica algún deporte. El desgaste mental y emocional que genera el ministerio se verá aliviado con dosis regulares de alguna actividad que te canse físicamente. Dedicar parte de tu tiempo a cosas que te diviertan te protegerá de una sobrecarga de estrés. Camina, corre, juega y ríe.

Un ocupado ejecutivo acudió a su médico cuando se sintió morir a causa de la ansiedad.

—Recéteme algo —suplicó—, algún medicamento potente que me dé serenidad.

El doctor se inclinó y escribió sobre un papel.

—Esta es mi receta —le dijo, entregándole el escrito.

El paciente leyó: «Medite al atardecer, mirando las estrellas y acariciando a su perro, es un remedio infalible».

Seguro que conoces las siguientes palabras de Pablo Neruda: «El niño que no juega no es niño, pero el hombre que no juega perdió para siempre al niño que vivía en él y que le hará mucha falta».

¿Quién nos ha engañado convenciéndonos de que servir a Dios implica tener siempre la cabeza saturada de proyectos místicos y planes religiosos? ¿Quién inoculó en nosotros el error de que el siervo de Dios debe llevar la preocupación cincelada en el rostro?

> ¿Quién convirtió en aparente verdad la mentira de que espiritualidad es sinónimo de trascendencia y seriedad? ¿Quién ha robado la alegría, la risa y el juego de la casa del siervo de Dios?
>
> Dios tejió la vida con hilo de gozo y nos ofrece un catálogo inagotable para gozar. Si el mundo te presenta mil razones para llorar, demuéstrale que hay mil y una para reír.

—¿Lo haremos? —me susurra María—. ¿Miraremos las mil y una razones que la vida nos brinda para reír?

—Lo haremos —aseguro—. Desplegaremos el inmenso catálogo de cosas bellas y divertidas que Dios nos regala.

Sintiendo un gozo inmenso borbotear en mi interior, abro el siguiente pergamino.

27

Décimo principio

> Grandeza es saber mantener la humildad.

Sin olvidar la primera «H» de «hábito» (¿recuerdas que nuestros hábitos determinan nuestro carácter?), voy a referirme al «Proceso de las tres Hs» (humildad, humor, humanidad) como descriptivo de un líder eficaz.

Humildad. Dios no busca estrellas deslumbrantes ni elige a sus siervos consultando las guías de notoriedades, prefiere vasos de barro para administrar su tesoro.

Cuanto antes asumamos que nuestro llamado no es a ser esculturas, sino pedestales, antes avanzaremos. Como líderes espirituales no debemos creer todo lo que digan de nosotros. Ni somos tan buenos como comentan, ni tan malos como murmuran.

Es cierto que servir a Dios es un privilegio, pero no lo es que pertenezcamos a una estirpe de «privilegiados». No poseemos inmunidad ni somos invulnerables. Somos humanos. Tan humanos como nuestros vecinos y con las mismas limitaciones que cualquiera de ellos.

Momificar el orgullo y estar siempre listos para detectar y corregir nuestros errores es fundamental: el más excelente maestro puede ser despedido por no reconocer y resolver su halitosis. Mira tus manos; pellizca tu piel. Eres de carne y hueso como todo ser humano, y tan vulnerable como cualquiera de ellos.

¿Conoces el ADN de un verdadero siervo?

Adora a Dios y no a sí mismo.

Dedica su esfuerzo a servir y no a promocionarse.

No admite honores ni gloria, sino que los dirige a Dios.

Pero cuando el siervo da cabida a la soberbia, su ADN sufre una terrible mutación convirtiéndose en ADM:

Arma de Destrucción Masiva.

Toda iniciativa desplegada desde la soberbia mata, en vez de dar vida. Primero al que ministra y con frecuencia a los ministrados.

Pocas cosas ejercen tanta influencia como la humildad instaurada en el altar. Provoca una poderosa repercusión en cielo y tierra.

¡Qué tremenda diferencia existe entre amar la altura y codiciar altas posiciones! ¿Por qué arriesgarnos insensatamente a perdernos en la negrura infinita que hay detrás del azul de un cielo de verano? ¿Por qué sacrificarlo todo con tal de subir a ese lugar donde el azul se desvanece?

En toda organización —y no es distinto en la iglesia— hay más departamentos invisibles que visibles. Los engranajes más delicados y decisivos suelen estar en el área menos expuesta a las miradas, como también las personas que los hacen funcionar. Los hilos más relevantes se tejen en el anonimato, por eso hay pocos tejedores. El escaparate de la iglesia es mucho más demandado; es más fácil servir bajo el calor de los focos.

No hay mejor «detector de genuinos siervos» que el área de lo invisible. Allí se demuestra si uno «quiere ponerse a disposición», o «anhela ponerse de exposición». Nunca establecería a alguien en un ministerio visible sin probar su fidelidad en lo invisible. Creo que, al buscar siervos, Dios recorre los rincones e indaga tras bambalinas.

El verdadero instrumento de Dios admite una posición para servir; el ególatra reclama una exposición de su servicio. No precipites tu promoción. No hay atajos para el que sirve a Dios. No te comas la fruta verde ni saques a la mariposa de la crisálida hasta que esté formada.

Hay personas que son imanes. Tienen el don de irradiar y contagiar una atracción especial sobre quienes les rodean. Su sencillez les embellece y su interés por los demás les hace interesantes. La sencillez y la humildad que se manifiestan en la proximidad multiplican la admiración. El creerse superior larva y fermenta la repulsión. Los que así entienden el éxito son los efímeros nuevos ídolos con pies y, por supuesto, cerebros de barro.

La superioridad despliega su poder cuando es reconocida sin ninguna imposición, tan solo por el atractivo que emana. Lo que se trata de imponer desde el orgullo y la distancia es el repelente de la relación humana, ¿sabes lo que consiguen los repelentes?

La humildad es un envoltorio atractivo y sugerente, el orgullo es rasposo y distante. Comienza a servir en lo poco y deja que Dios te guíe a la altura que te corresponda.

Humor. No añadiré mucho en este punto, puesto que ya lo puse de relieve en el principio anterior. Mantener el sentido del humor es salud para el siervo de Dios y ejerce un magnetismo irresistible hacia aquellos a quienes queremos acercar a Jesús.

Humanidad. Es la capacidad que uno tiene de conmoverse ante la necesidad de otros y actuar para paliarla. Un plato de comida para el hambriento puede ser el sermón más persuasivo. Tu visita a un enfermo puede suponer para él el advenimiento de un ángel en su particular Getsemaní. Agustín de Hipona lo dijo de esta manera: «Predica el evangelio siempre, y si fuera necesario incluso con palabras».

Quien reúna y cultive estas tres Hs (humildad, humor y humanidad), será un líder influyente.

A un lado de la mesa se apilan los documentos manuscritos mientras en nuestro corazón van acumulándose refulgentes lingotes del oro de la sabiduría.

28

Undécimo principio

Responde con fidelidad a Aquel que te ha elegido.

El auténtico cristiano se caracteriza por la fidelidad. Es como un árbol que soporta las inclemencias permaneciendo en aquel lugar donde fue plantado.

Las industrias madereras, por otra parte, no solo cuentan con expertos en la tala de árboles, sino también con técnicos en reforestación. Cuando se va a llevar a cabo la plantación de árboles para la producción de madera, se analiza concienzudamente el monte hasta localizar los puntos donde aparecen los denominados «signos de estrés». Se califican así a las laderas más expuestas a los vientos, tormentas e inclemencias. Allí es donde plantan los árboles y cuando estos sufren el embate de fuertes tempestades se arraigan con firmeza al suelo mientras el tronco, enfrentando los rigores, se va endureciendo. De allí surge la madera más valorada.

La fidelidad se demuestra permaneciendo donde fuimos plantados, aunque nuestra parcela esté radicada en

119

la ladera más dura y todo a nuestro alrededor nos invite a abandonar. Por tanto, mantente fiel en medio de la tormenta. Es lícito acertar y también lo es errar; pero no lo es abandonar.

¡Y no tengas prisa! Cabalgar con serenidad y mesura es la forma más segura de llegar pronto. El objetivo aparente de muchos hoy en día, no es viajar, sino llegar. Queremos despegar hoy y aterrizar ayer. Pero al correr obsesionados con la meta nos perdemos los muchos tesoros que hay en el camino.

La precipitación es un atroz enemigo de la excelencia y un rival absoluto de los proyectos divinos. Podemos retrasar su plan y hasta abortarlo podemos, pero nunca acelerarlo. Dios toma unas horas para crear una seta y cien años para formar un roble. ¿Qué prefieres ser?

Proliferan los hongos, miríadas de ellos inundan las calles e infectan las iglesias; pero escasean los robles, ya que son pocos los que toleran el ritmo de Dios y demasiados los que aceleran la rueda del alfarero logrando que la obra en construcción se eche a perder.

No existen atajos para el crecimiento. No los hay, como no hay cabezas viejas sobre hombros jóvenes. No tengas prisa, porque cuando su hora llegue Él hará en veinte minutos lo que nadie haría en veinte años.

La secreta aspiración de los alquimistas no era solo convertir el plomo en oro, sino que los efectos regenerativos fueran aplicables a su cuerpo. Aquellos que eran impacientes y querían resultados inmediatos, veían afectada su salud de tal manera que en vez de prolongar su vida la acortaban dramáticamente.

Cuidado con los atajos; siempre son peligrosos.

Federico García Lorca dejó unas cuantas frases

para la historia, una de ellas es la siguiente: Esperando, el nudo se deshace y la fruta madura.

El cofre va quedando vacío y sobre el fondo de madera descubro un pergamino diferente, cubierto por una caligrafía distinta. Me sorprende el hallazgo, pero lo dejo, no obstante, para el final.

29

Duodécimo principio

Aprende el inmenso valor de las pruebas y las dificultades.

Del gran pintor y escultor Miguel Ángel, se han dicho muchas cosas. Su higiene se ha cuestionado; se ha aludido a su mal carácter y a la escasez de amigos que tenía y hasta su salud mental se ha puesto en entredicho. Pero un principio destacable en este artista es que consideraba tan importantes sus útiles y herramientas que fabricaba con sus propias manos los pinceles y brochas con los que ejercía. Es este un bonito ejemplo de la manera en que Dios moldea y diseña sus instrumentos, es decir: a sus siervos.

Pero ese proceso de construcción puede ser francamente duro y extremadamente difícil. Por otro lado, la altura siempre conlleva riesgo y las situaciones de la vida que nos hacen alcanzar posiciones elevadas nos sitúan con frecuencia bajo cielos oscuros. Enfermedades, tiempos de desánimo, imprevistos que rompen nuestros planes, sueños y proyectos fracasados, dificultades económicas...

El crecimiento espiritual es como un forfait que a la vez que nos eleva nos coloca allí donde experimentamos frío y soledad, pero solo así descubrimos que hay tesoros exclusivos en los pliegues de las sombras. Los cielos más hermosos siempre corresponden a los lugares más oscuros, y los momentos más difíciles son puertas a las mejores oportunidades.

Lo que con frecuencia consideramos injerencias e incómodas tempestades suelen ser rachas de viento que, lejos de hundirnos, reconducen nuestra barca a importantes puertos a los que jamás arribaríamos de tener una plácida travesía.

Creo que una de las definiciones más acertadas del término inconsciencia es la siguiente: Hacer vez tras vez lo mismo y esperar resultados diferentes… surcar mil veces el mismo río pretendiendo que nos aboque a distintos puertos.

Por eso sopla el viento huracanado: para corregir nuestro rumbo. Porque si quieres ver lo que nunca has visto, tendrás que hacer lo que nunca has hecho. Si deseas llegar a un punto nuevo, tendrás que abandonar la seguridad de tu trecho rutinario… La tempestad interviene como aliado y no como enemigo.

Deberías considerar tus cicatrices como auténticas credenciales, porque las situaciones duras de la vida confieren profundidad a nuestro servicio y peso a nuestras palabras.

Los grandes capitanes se evidencian en las grandes tormentas. Nunca las aguas tranquilas forjaron marineros hábiles.

No te fíes demasiado del discurso de un hombre que no tiene cicatrices. El apóstol Pablo legitimó su autoridad cuando dijo: «Traigo en mi cuerpo las marcas del Señor Jesús» (Gálatas 6.17).

Los tramos más inhóspitos, fríos y desangelados desembocan con frecuencia en elevadas cumbres que amplían la visión y transforman la vida.

Una cama de hospital puede ser un potro de tortura o una catapulta al cielo, todo depende de nuestra actitud frente a ella. La llave a las más grandes oportunidades suele cobijarse en rincones sombríos. Los días más nublados; esos en los que pegamos el rostro al cristal mirando cómo se derrama en lluvia el cielo. Esos días de color ceniza son el útero donde se gesta la próxima primavera.

Dime si no, ¿en qué momento tomaste las decisiones más importantes de tu vida? Sin duda cuando estabas por los suelos, después de algún desastre, tras un rechazo... En ese momento dijiste: «Estoy harto de estar roto, harto de ser un mediocre...» Emprendiste nuevos caminos y coronaste cimas hasta entonces escondidas.

La letra se dibuja cada vez más inclinada y los intervalos entre frases son irregulares, al tiempo que las líneas pierden horizontalidad. Evidentemente sus fuerzas iban escaseando pero estaba determinado a culminar su misión: transmitir su sabiduría a una nueva generación.

La imagen de mi viejo pastor escribiendo febrilmente mientras las fuerzas le abandonan, me emociona al punto de que las lágrimas me impiden leer el documento.

Se lo entrego a María y ella, aunque emocionada también, aproxima a mí oído la sabiduría escrita en el pergamino.

Decimotercer principio

Cambios en la noche ¡nunca! aguarda a que amanezca.

Como dice *Agustín de Hipona*, no hagas mudanzas en tiempos de tempestad. Es de vital importancia matizar el anterior principio porque, si bien es cierto que los momentos de crisis nos llevan a tomar decisiones, estas no deben ejecutarse de forma irreflexiva.

En tiempos de gran presión o desánimo profundo podemos percibir que es preciso un cambio, pero ejecutarlo en medio de la crisis equivale a iniciar la escalada sin luz, sin mapa y sin los aparejos más elementales.

No intentes recoger las hojas de la encina mientras el viento siga soplando. Todo esfuerzo será inútil y las decisiones que adoptes probablemente equivocadas. En tiempos de ansiedad no trates de razonar pues tu razonamiento se volverá contra ti mismo.

La noche del alma no es tiempo para emprender nuevos caminos, sino para permanecer y confiar. Sé bien que la espera puede suponer un sufrimiento indescriptible, pero también serán incalculables el valor, la profundidad y la sabiduría adquiridos durante esa insufrible espera. Amainará el temporal y será, entonces sí, el momento de poner orden en la casa.

Hay árboles que parecen muertos pero reverdecen al aliento de la primavera. ¡Qué error tan grande hubiera sido cortarles cuando les cubrió la nieve! No abandones en el invierno, porque de hacerlo no volverás a disfrutar de ninguna primavera. Tener problemas es inevitable; ser derrotado por ellos es opcional.

Es el penúltimo pergamino. Con extremo cuidado le quitamos la cinta y comienzo la lectura.

31

Decimocuarto principio

Integridad: un valor cotizadísimo en cielo y tierra. Sé íntegro.

La integridad es un valor muy cotizado. Sin embargo, íntegro no es perfecto, sino «sin doblez». Lo contrario de integridad no es imperfección, sino duplicidad. La integridad no tiene que ver con la perfección de tus actos, sino con la entereza de tus principios.

Ser íntegro es ser genuino. Es importante que quien está en autoridad mantenga la coherencia entre lo que dice y lo que hace. Las personas a las que ministras son como esponjas y tú eres el agua. Ellos se «salpican» con lo que dices, pero se impregnan de lo que haces.

La integridad tiene más que ver con los ojos que con los oídos. Necesita ser vista, no solo escuchada. «Lo que eres me distrae de lo que dices; porque tus hechos hablan más alto que tus palabras». Es esta una sentencia que me transmitieron al comenzar mi ministerio. Hoy, cincuenta y cinco años después, te la transmito a ti.

Ser íntegro no tiene que ver con no cometer errores,
sino con proyectar honestidad al practicar lo que enseñas.
Puedes equivocarte, pero debes reconocerlo y disculparte.
Los siervos de Dios viven en una pecera: siempre observados por los miembros de la congregación. No debes olvidarlo, vives en una casa de cristal y caminas sobre un campo de nieve recién caída. Las huellas son inevitables. Ellos te observan y necesitan ver que no eres un fraude.

No es algo que vaya a resultarte fácil ni que alcances rápidamente. En realidad, la integridad cuesta toda la vida forjarla, aunque puede perderse en un minuto.

Vive lo que predicas.

Cuando caigas levántate. Admítelo cuando te equivoques. No te respetarán menos por errar, al contrario, tu autoridad saldrá reforzada si admites tu error y luchas por enmendarlo. Antes que lo que haces está quién eres y cómo eres. Antes que tu función está tu vida.

Extraigo el último pergamino; el que mi viejo pastor escribió postrado sobre sus rodillas y justo antes de acudir a los brazos de su Amado.

El cofre ha quedado vacío... nuestros corazones llenos.

Es María quien inicia la lectura y yo me uno a ella. Entonces nuestras voces forman un coro, y también nuestros corazones, que laten juntos y por la misma causa.

Decimoquinto principio

Aprende a crear equipo.

Jesús trabajó entre los pocos para enviarles a los muchos. Tras su bautismo y periodo de prueba en el desierto, lo primero que hizo fue crear un equipo.

Las iglesias más influyentes de nuestros días no se caracterizan por tener un pastor increíblemente carismático, sino por contar con un nutrido equipo de siervos fieles, idóneos y comprometidos.

Andrew Carnegie, el magnate norteamericano del acero, fue el primer industrial que llegó a ganar un sueldo de un millón de dólares en un tiempo en que se podía vivir cómodamente con mil dólares al mes. Reconoció que todo su éxito lo debía a sus colaboradores y que su mayor habilidad había consistido en ser abundante y generoso en sus elogios hacia ellos. De hecho, quiso honrarles aun después de muerto, mandando escribir para su tumba un epitafio que decía: «Aquí yace un hombre que supo rodearse de personas más hábiles que él».

Cuando en la Biblia analizamos el reinado de Saúl y también el de David, apreciamos contrastes muy notables. Uno de ellos es que Saúl representa al líder inseguro, inseguridad que le impide dar lugar a otros. Sintió envidia de las victorias de David, aun cuando estas consolidaban su propio trono.

Es lo que se conoce como pánico a la sombra. Quien sufre este mal ama su sillón y su galón por encima de todo, y tiene un pavor endémico a ser superado por sus subordinados, en lugar de entender que el mejor líder es el que sabe reunir un gran equipo de cerebros y estimularlos al máximo.

Durante el reinado de David —al contrario que en el de Saúl— se desarrolló un increíble potencial en infinidad de jóvenes, y así aparecen los registros que en la Biblia se encabezan como «los valientes de David». Esto era impensable en la época de Saúl.

David creó equipo. No es de extrañar que durante su reinado Israel extendiera sus fronteras de costa a costa. Con Salomón el reino de Israel alcanzó su máximo esplendor, pero con David alcanzó sus máximas conquistas.

La victoria de una iglesia no radica en que unos pocos hagan mucho, sino en que muchos hagan un poco. El mismo Andrew Carnegie dijo: «Una de las grandes claves del éxito no consiste en hacer uno mismo el trabajo, sino en reconocer a la persona apropiada para hacerlo».

Delega con sabiduría en personas sensibles y espirituales que tengan la inquietud de vivir para Dios y trabajar con Él. Pero, ¡sé sabio en el momento de reclutar colaboradores! Da prioridad a la calidad de vida, por encima de la capacidad.

Lo segundo es necesario, lo primero es esencial. La Biblia previene en cuanto a los «neófitos», nunca desdeñándoles, pero si haciendo hincapié en cuidarles, y una forma básica de cuidado es no poner sobre ellos más responsabilidad de la que puedan asumir ni más carga de la que sean capaces de llevar.

El término «neófito», consta de dos vocablos: neo, que significa nuevo, y fito, derivación de la expresión feto y cuya traducción más acertada es «sin crianza».

El énfasis yace en que no puede ser responsable de criar aquel que no fue criado todavía. La capacidad para formar no reside en quien aún no ha sido formado. Se requiere madurez, rigor y disciplina en todo aquel que asuma un papel de influencia en la iglesia de Cristo. La clave es darles tiempo y, junto al tiempo, formación. La inmadurez es una enfermedad de la que vamos sanando día a día.

Otro aspecto a considerar al crear equipo es la enorme diferencia existente entre transmitir cargos y transferir valores. Los cargos confieren posición, los valores crecimiento y nutrición. Codiciar un cargo nos descalifica para el mismo. Pero un anhelo genuino por servir, asumiendo principios y conduciéndonos con valores nos predispone para manejar un cargo sin que exista riesgo de ser manejados por este.

Crea equipo, con prudencia y sabiduría, pero créalo. Un llanero solitario edificará una casa. Un equipo construirá un reino. Y por cierto —y también por último—, si fuiste llamado a construir un reino, enfócate más en la solidez de tu edificación que en el tamaño de la construcción. No te des por satisfecho con congregar multitudes, pon tu objetivo en transformar vidas. No toleres que tu iglesia sea un enorme cementerio abarrotado de cadáveres.

¿Macro en tamaño y micro en integridad? Eso se llama fracaso.

¿De qué sirve un cuerpo de gigante con un cerebro de mosquito?

No te obsesiones con el crecimiento, enfócate en la salud y el desarrollo será un resultado natural.

«Preséntate tú en todo como ejemplo de buenas obras; en la enseñanza mostrando integridad, seriedad, palabra sana e irreprochable, de modo que el adversario se avergüence, y no tenga nada malo que decir de vosotros» (Tito 2.7-8).

33

Final nota de la sinfonía

> *En el corazón de todos los inviernos vive una primavera palpitante y detrás de cada noche viene una aurora sonriente.*
>
> —Khalil Gibran

Hemos concluido la lectura de los quince principios. Tomo entonces el nuevo pergamino, el que no tenemos dudas que dejó escrito Tim. Su caligrafía, de trazos firmes y seguros, denota la juventud y determinación de quien lo ha escrito. En nada se parece a la letra recostada que brotó de la mano de mi viejo pastor; sin embargo, compruebo rápidamente que también de una mano joven puede fluir sabiduría:

Todo a vuestro lado ha sido maravilloso. Gracias por la mejor Navidad de toda mi vida. Me abristeis el corazón, confiasteis en mí sin conocerme y yo fui muy descortés al no contaros mi vida. Quiero, al menos, volcar en este papel aquellas claves fundamentales que me hicieron revivir tras la gran crisis:

¿Otra vez la gran crisis?, pienso, y miro a María, que se encoge de hombros, me sonríe y señala al papel, pidiéndome que lo lea.

Oír el saludo de Dios cada mañana. Su voz descorrió las cortinas a un nuevo amanecer repleto de oportunidades.

Dejarme acunar en sus brazos. Esa sagrada intimidad... esa dulce comunión... fueron inyecciones de paz en el centro de mi alma.

Observar su mano señalando la ruta cierta en los tiempos más inciertos. Vi sendas más atractivas, pero ninguna tan segura como la abierta por Él.

Esperar pacientemente la llegada de la primavera sin tomar decisiones drásticas entre el hielo del invierno.

Sonreír al afligido aunque mi corazón estuviera roto. Así comprobé que la alegría propia nace en el instante en que nos entregamos a lograr la de otros.

Perdonar al ofensor. El perdón es salud, tan cierto como que el odio mata.

Oír a los más cercanos, hablarles y abrazarles. Nunca es demasiado pronto para decirles cuánto les amas... nunca digas que es demasiado pronto, porque no sabes si pronto será demasiado tarde.

Reírme a pleno pulmón, en especial de mí mismo. La risa es oxígeno del cielo que purifica la cargada atmósfera del mundo.

Gratificarme por los pequeños logros, no dejando que las metas pendientes los ensombrezcan.

Romper con la autocompasión. Si acaricias tu pena, esta te abrazará hasta ahogarte.

Amar con todas mis fuerzas, a Dios primero, y también a quienes me aman... y a los que me odian también. Por cada gramo de amor que he sembrado, coseché toneladas de felicidad.

Creerle a Dios SIEMPRE. En los tiempos dulces y en los días más amargos. La fe depositada en Dios nunca defrauda.

La intimidad en medio de la actividad; es un secreto poderoso. Sirviéndole estoy activo, amándole soy efectivo.

Aceptar las espinas de la rosa, el anochecer que precede al día, el invierno que es puerta a la primavera y la dura escarpada que nos sitúa en la cumbre. Aceptar que lo valioso tiene un precio y que lo más valioso es más caro todavía.

Era este un sencillo regalo de Navidad que, junto a la semilla de bambú y a la nueva caja que cobija los pergaminos, quería haceros...

—al leer esto me fijo en el arcón de donde extraje los pergaminos y reparo en que es otro diferente. Este es de madera marrón decorada con motivos navideños. Tiene bisagras de latón en forma de hojas de acebo y la hebilla del cierre es de plata. ¡Cómo no me di cuenta del cambio! Tan abstraído estaba en la desaparición del muchacho... Sorprendido sigo leyendo la despedida de Tim—:

...se especula con el hecho de que esta pequeña cajita fue hábilmente grabada y pulida con la dura y reseca madera en cuya áspera superficie el Auténtico Señor de la Navidad demostró por última vez su amor a la humanidad (supongo que sabéis a quién me refiero). Cierta o no esta historia, esta caja significa mucho para mí. Fue lo único que rescaté después del gran desastre. Hoy os la entrego para que sigan cobijando los principios tan valiosos que vuestro viejo pastor os dejó.

Solo un pedido más: ¿me ayudaríais a completar el juego que disfrutaba tanto y que dejé inconcluso?

Gracias, otra vez, por una maravillosa Navidad.

Pasamos más de un minuto mirando fijamente el escrito y luego nos miramos el uno al otro. Las palabras destilan sabiduría, pero no entendemos nada: el gran desastre; fue lo único que pude rescatar, y por último...

—¿Qué le ayudemos a completar el juego? Eso es lo que parece —confieso—: un juego de detectives. La nota en la Biblia de Raquel, frases enigmáticas entre sus discursos, este nuevo pergamino... ¿No te da la impresión de que Tim ha ido dejando pistas y más pistas, como si esto fuera un juego? ¿Por qué juega con nosotros?

—No debes olvidar que Tim era...

—¿Era? —interrumpo.

—Bueno, no estoy segura de si era o es... solo un niño, y como ocurre con todos los niños, no es extraño que le gusten los juegos...

—Tienes razón —admito—. Creo que lo mejor es que nos quedemos con las partes de esta historia que podemos entender.

—En realidad ha sido bonita, ¿no te parece?

—¿El qué?

—La historia, ¿no te parece que ha sido bonita?

—Mucho. Una historia muy bonita.

34

Año nuevo:
Vida nueva

He aquí se cumplieron las cosas primeras, y yo anuncio cosas nuevas.

—ISAÍAS 42.9

Días después desayuno en silencio embebido en mis pensamientos. Apuro lentamente el humeante café mientras mi mente trabaja a ritmo vertiginoso valorando los sorprendentes hechos ocurridos en los últimos días y el efecto que tendrán en nuestro futuro.

María entra en la cocina y creo que habla, pero tan ensimismado estoy que no la escucho hasta que sus últimas palabras me hacen reaccionar:

—¡Es Tim!

—¿Cómo dices?

—Pero, ¿no me has escuchado?

—Lo siento, estaba pensando.

Extiende ante mis ojos una hoja de periódico muy antigua. Varios dobleces la cruzan de lado a lado, como de haber estado plegada mucho tiempo.

—Lo encontré en tu despacho —me dice—. Intentaba poner un poco de orden entre el caos de papeles que tienes allí, cuando apareció esto. Pensé que sería uno de los artículos que usas para ilustrar tus sermones, pero cuando empecé a leerlo vi que era algo más que eso.

Miro con fijeza el recorte de periódico que María ha extendido frente a mí. El titular de la página es negro como el carbón: Fallecidos en grave accidente de tránsito mientras regresaban a casa.

La noticia explica en letras más pequeñas, pero igualmente oscuras, los detalles de la tragedia: volvían a su hogar después de celebrar la Navidad en casa de unos amigos. La nieve se había convertido en hielo y la carretera en una pista deslizante, los desdichados ocupantes perdieron el control de su vehículo y en el impacto la vida. Los bomberos tuvieron que emplearse a fondo para lograr extraer de entre el amasijo de hierros dos cuerpos: el de un hombre y el de una mujer: un matrimonio.

La siniestra nota sigue explicando: Personas cercanas a la familia aseguran que su único hijo viajaba con ellos, pero el cuerpo no ha sido localizado.

Junto al texto hay una foto, la de un muchacho que viste un abrigo oscuro y demasiado largo. Salvo por la mirada del chico, que aporta a la página una pincelada de color de miel, la imagen se me antoja gris como la ceniza.

El pie de foto hace una aclaración que ni María ni yo precisamos: su nombre es Timoteo, aunque se hace llamar Tim, y la columna se cierra con una aseveración que es falsa: nadie le ha visto desde el día del accidente.

Mantengo mis ojos fijos en el recorte de periódico.

María también.

Todo adquiere sentido: la profundidad de sus palabras, su extraordinaria capacidad para comprender al que sufre, la sabiduría que ostentaba y desentonaba con su edad... los momentos extremadamente duros que me han tocado vivir a los que se había referido varias veces... La caja de madera decorada con motivos navideños: fue lo único que salvé del desastre, había escrito en su despedida. Incluso... Con un acto reflejo introduzco la mano en el bolsillo del pantalón.

—No está —digo nervioso.

—¿Qué buscas? —interroga María.

—La hoja que nos dio Tim: la lista interminable de preguntas.

—Llevabas puesto el pantalón vaquero —apunta María con su memoria prodigiosa.

Corro a la habitación y regreso enseguida con la hoja en la mano: el formulario que me enfadó el primer día. Aquel papel reciclado que me pareció una falta de respeto porque lo había encontrado en el suelo, sin importarle que estuviera pisado.

Miro las marcas que ensucian la hoja y lloro.

Las huellas no son pisadas, sino marcas de neumático... del coche que actuó de ataúd para sus padres... lo había encontrado en el suelo, eso era cierto, pero no lo era que se tratase de un papel cualquiera. Aquella hoja tenía un valor altísimo: era un recuerdo —tal vez el único que tuviera— del momento en que su vida cambió para siempre. Y me lo entregó a mí en el preciso instante en que mi vida cambiaba... también para siempre.

Y decidió dejar ese recorte de periódico en mi despacho para recordarme que hay vida después de la tragedia. Que los golpes pueden herirnos, pero no tienen por qué matarnos. Que la mayor tragedia puede ser un foso que nos trague o una escala que nos alce. Que los pozos negros de la vida no están llenos solo de negrura... contienen también sabiduría para quien decide buscarla; para quien no se resigna y convierte al dolor en aliado y a la adversidad en maestra.

Sobre aquella hoja envejecida venía el mensaje de que los momentos más duros de la vida tienen la capacidad de hundirnos o hacernos crecer... pudrirnos o madurarnos... amargarnos o convertirnos en néctar, como la mirada de ese niño que se endulzó en el dolor... como la mirada de Tim.

Dirijo la mirada al árbol navideño, a la figura que lo corona. Hay algo en ella que irradia más luz que las doscientas bombillas que guiñan entre las ramas. Es la sonrisa de alguien que entendió la enorme verdad de que estar y ser es mucho más importante que tener, hacer o decir. Y no solo lo entendió, sino que invirtió su vida en demostrarlo.

—Creo que hay algo más —comenta María.

—¿Más aún? —replico.

Gira la hoja y deja resbalar su dedo sobre la sucesión de guiones interrumpidos por unas pocas letras.

—Es el juego del ahorcado —dice—. Se trata de ir averiguando las letras que faltan hasta completar la frase.

—Ya me lo explicaste —le recuerdo.

—¿Cómo terminó Tim la carta de su despedida? —sin aguardar mi respuesta busca el último pergamino y lo despliega ante mis ojos. Enseguida lee—: Solo un pedido más: ¿me ayudaríais a completar el juego que disfrutaba tanto y que dejé inconcluso?

—¿Quieres decir —comienzo a entender—, que el juego al que se refería Tim era este?, ¿el juego del ahorcado?

—El folio muestra un juego inconcluso, justo lo que dice Tim —deduce y añade con dolor—: es probable que mientras viajaban estuviesen jugando, pero ocurrió el accidente y…

—Y Tim nos pide que lo completemos… Está bien, intentémoslo.

$$\_\_\_\ O \_\_\ P _____\ A$$

Durante varios minutos miramos el folio desde todas las perspectivas posibles, pero mi mente está demasiado embotada como para juegos.

—Abandono —replico, pero María no me escucha. Con la punta del bolígrafo va marcando cada guión mientras hace cálculos mentales.

—¡Creo que lo tengo! —exclama por fin—. Es más fácil de lo que pensábamos. ¡Trae el pergamino que escribió Tim!

Lo pongo frente a ella que, emocionada, sigue explicándome:

—Es la misma clave que usó nuestro viejo pastor. Se trata simplemente de sacar los principios de los principios. Incluso resulta más fácil en este caso, puesto que ya nos ha dado tres letras.

Me mantengo mudo con el único fin de no reconocer mi ignorancia y la dejo hacer. Con una destreza admirable comienza a escribir en una hoja y a marcar algunas letras:

Todo a vuestro lado ha sido maravilloso…
Oír el saludo de Dios cada mañana…
Dejarme acunar en sus brazos…
Observar su mano señalando la ruta cierta en los tiempos más
  inciertos.

Esperar pacientemente la llegada de la primavera...

Sonreír al afligido aunque mi corazón esté roto...

Perdonar al ofensor...

Oír a los más cercanos, hablarles y abrazarles...

Reírme a pleno pulmón, en especial de mí mismo...

Gratificarme por los pequeños logros...

Romper con la autocompasión...

Amar con todas mis fuerzas...

Creerle a Dios SIEMPRE...

Intimidad en medio de la actividad...

Aceptar las espinas de la rosa...

Me quedo mudo de asombro...

—Pero esa frase... —las palabras se enredan en las emociones—, es la misma, exactamente la misma...

—...que te transmitió nuestro viejo pastor —concluye María.

Corro al cofre y recojo el papel que yace en el fondo: es la hoja en la que dimos forma al acróstico que aguardaba oculto en los quince principios.

Todo comienza amando a Dios.

Observa y preserva la salud de tu familia.

Dedica tiempo de calidad a la Biblia.

O amas a quienes sirves o terminarás por dejar de servirles.

Eres valioso.

Sé capaz de perdonar y también de perdonarte.

Pisa la tierra siempre. Incluso después de tus mayores triunfos, recuerda que tus pies siguen siendo de barro.

Ora. Habla con Dios y deja que te hable. Haz de esto un hábito.

Ríe cuanto puedas. Hazlo todos los días.

Grandeza es saber mantener la humildad.

Responde con fidelidad a Aquel que te ha elegido.

Aprende el inmenso valor de las pruebas y las dificultades.

Cambios en la noche ¡nunca! aguarda a que amanezca.

Integridad: un valor cotizadísimo en cielo y tierra.

Aprende a crear equipo.

—¿Por qué? —replico sin entender—. ¿Por qué nos dice lo mismo?

—Seguramente porque necesitamos escucharlo —su tono de voz es tranquilo y aquietante—. Porque necesitas recordar que lo que nos condujo hasta aquí fue su gracia y sobre esas alas —sobre su gracia— remontarás el vuelo a nuevos cielos de libertad. Ambos nos lo repiten invitándonos a sumergirnos en ese océano bendito que es su gracia... el verdadero camino a la paz... el antídoto para la ansiedad...

—Tim —sigo asombrado—; el pequeño Tim... un niño que no ha cumplido los dieciséis años, me traslada el mismo mensaje que mi viejo pastor.

—Lo cual confirma —dice ella—. Que la sabiduría no radica en el siervo de Dios, sino en el Dios del siervo...

—Y como diría Raquel —interrumpo—: a Él tanto le da usar instrumentos veteranos y cargados de experiencia, como tiernas vasijas que acaban de salir del horno...

—¿Recuerdas la frase de nuestro viejo pastor? —María la recita y al hacerlo me parece ver al anciano mirándome con su gesto sereno mientras vertía el néctar de su sabiduría sobre mí—. La vida no debería medirse, sino pesarse, porque no son los años los que hacen madurar. Hay personas con una vida cargada de años... y hay personas con años cargados de vida.

—Tim... el joven Tim —susurro—, había acumulado en pocos años la sabiduría de mil vidas.

—Tim y el viejo pastor eran diferentes —concluye María—: un anciano y un niño... pero la fuente de la que bebieron fue la misma.

35

¡Sorpresa final!

—Tengo otra noticia que darte —en su tono de voz hay algo que consigue preocuparme. La miro buscando en su gesto la tranquilidad que me falta, pero no lo encuentro.

—¿Qué ocurre? —pregunto con inquietud. Apenas empiezan a reconstruirse mis ruinas y temo un nuevo cataclismo—. Dime, ¿qué te pasa?

—Hace tres semanas que... —la brevísima pausa se me antoja eterna. Su inseguridad es terriblemente contagiosa. A punto de suplicarle que continúe, María vuelve a hablar—: hace días... en concreto tres semanas...

—¡Habla, por favor! —el temor me hace abandonar mi asiento y me lleva a levantar el tono de voz más de lo que hubiera querido. Tomo su mano y me disculpo—. Perdona, mi sensibilidad está a flor de piel. Por favor, dime, ¿qué paso hace tres semanas?

Sonríe y ese gesto actúa en mí como un sedante de efecto prodigioso.

—Más bien debo decirte lo que no pasó —casi ríe—. Llevo tres semanas de retraso y hoy me hice la prueba.

Extiende ante mis ojos un extraño artilugio: una especie de bastoncillo con uno de sus extremos teñido de rosa. Sé que espera una reacción de mi parte, pero no sé cómo reaccionar. En ese bastoncillo que María me extiende yo veo únicamente eso: un bastoncillo, pero es evidente que encierra algo más.

—María —le digo con tono suplicante—, quiero compartir contigo este momento. Sea bueno o malo quiero compartirlo; dime, por favor, qué significa esto. Este dichoso palito… o lo que sea, manchado de rosa, ¿qué quiere decir?

—Significa —tira de mí aproximándome más a ella. Toma mi mano derecha y la posa sobre su vientre cubriéndola luego con la suya—. Significa que hemos recibido otro regalo de Navidad —sus ojos están clavados en los míos calculando mi reacción. No veo ahora sus pupilas, sino el agua que se mece sobre ellas mientras continúa—: significa —presiona mi mano contra su vientre— que aquí dentro hay un bebé y que, si Dios quiere, dentro de unos meses ¡podremos abrazarle! —esto último lo grita llena de emoción; no veo ahora sus pupilas, ni el agua que se mece sobre ellas, porque mis ojos están inundados y se desbordan sobre mi rostro.

Nos abrazamos y sin dejar de llorar comenzamos a reír y hasta a bailar comenzamos… Poco después necesito sentarme para asimilar la noticia. María lo hace sobre mis piernas y me envuelve con sus brazos. Reposa su cabeza sobre mi hombro mientras con mi mano acaricio su vientre. Son solo unos segundos, pero con sabor a eternidad. La vida debería ser siempre así, pienso, el cielo debe ser muy parecido a esto.

Sigo acariciando ese abdomen que pronto se abultará haciendo espacio a la vida, y de nuevo rememoro la frase: Toda persona debería tener, al menos una vez en la vida, un mentor y un protegido.

—Ahora sí —susurro mientras me inclino para besar la piel de seda que le resguarda—, tuve mentores y ahora también tengo un protegido.

Miro a María y de nuevo beso la seda… la de sus labios ahora.

—¿Sabes qué día es hoy? —me pregunta.

—No estoy seguro —confieso—. ¿Tres?, ¿cuatro?, ¿cinco de enero?

—De la semana —especifica—, ¿qué día de la semana es hoy?

Entonces caigo.

—¡Es lunes! —no ha dejado de envolverme con sus brazos. La atraigo y casi somos uno cuando susurro en su oído—. Sí, es lunes… lunes con mi jovencísimo discípulo.

Caminamos de la mano rumbo al dormitorio. La mezcla de emociones nos ha agotado y anticipamos una larga noche de descanso.

—Espera —me dice dirigiéndose a la entrada—. Quiero asegurarme de que está echada la llave.

Yo, mientras tanto, voy apagando las luces del salón, dejando tan solo el árbol navideño encendido. Me inspira la tenue luminosidad que arroja. No tuvimos prisa para instalarlo y tampoco la tendremos ahora para desmontarlo.

—¡Ven! —me llama—. ¡Mira!

La encuentro inclinada sobre el mueble del recibidor, observando la maceta que nos dejó Tim.

Con su dedo índice apunta al centro de la superficie terrosa.

—¡Mira! —repite mientras casi toca con la uña de su dedo el minúsculo brote verde que asoma.

—¡Ha comenzado a crecer! —exclamo mientras miro embelesado el diminuto verdor que, por fin, decora la tierra—. Se ha iniciado el proceso del crecimiento —repito girando el rostro hacia el vientre de María—. ¡Y han comenzado a la vez...!

—Terminó la espera —me dice mientras me obliga a incorporarme para abrazarme con fuerza—, y ha valido la pena.

—La fe y la esperanza trabajan de la mano —mis dos brazos la envuelven mientras mi corazón se ensancha de paz y puro gozo—. Vale la pena aguardar el tiempo de Dios. La espera puede ser dura, pero nunca inútil...

La emoción agota y al dejarnos caer sobre el colchón tenemos la seguridad de que dormiremos como niños.

A punto de ser vencido por el sueño, escucho el murmullo de María.

—Habrá que pensar un nombre...

—¿Cómo?

—Para el niño... tenemos que pensar un nombre para el niño.

—¿Qué te parece Tim?

—¿Timoteo? —me pregunta.

—Ojala algún día llegue a serlo...

—¿Y si fuera niña? —insiste.

—Raquel —susurro mientras el sueño me envuelve—. ¿Te gusta el nombre de Raquel?

No recuerdo su respuesta; ni siquiera estoy seguro de que respondiera porque el sueño nos ha envuelto a los dos.

Despertaremos luego a un nuevo amanecer y comprobaremos que la noche puede ser larga, tal vez interminable, pero siempre fructífera, porque hay episodios que solo pueden vivirse bajo cielos nocturnos, plantas exclusivas que deben sus propiedades medicinales a los lugares sombríos donde crecen y frutas deliciosas que únicamente maduran bajo la luz de la luna.

La noche ya no es amenazante ni es tampoco la enemiga, sino una inmensa oportunidad...

36

Resumen y aplicación

La prisa, la ansiedad y la precipitación forman el tridente del enemigo.

El estrés no es algo malo, al contrario, es positivo e incluso necesario pues nos ayuda a percibir, pensar y actuar con mayor claridad. Existe tal cosa como un estrés positivo.

El problema aparece cuando se sobrepasa un umbral. Es entonces cuando aparece la ansiedad nociva que siempre es destructiva.

Superando el límite adecuado el estrés no activa sino que bloquea, el rendimiento decae, el agotamiento aparece... y estos síntomas son solamente la punta del iceberg.

El cuerpo avisa. Cuando percibe la proximidad de un cataclismo activa todas sus alarmas intentando llamar nuestra atención. Enciende luces que primero son sutiles e inapelables después. Todo por nuestro bien, para evitar la destrucción.

Sospecho que son muchos —la mayoría sin saberlo— quienes transitan la senda de la ansiedad: un peligroso desfiladero que desemboca en mortal despeñadero. Lo peor de todo es que, cuando el cuerpo da señales de ago-tamiento, los síntomas suelen ser entendidos por quien los padece como obstáculos para alcanzar una meta, por lo que, lejos de tomarlos como alia-dos, los consideramos enemigos y los combatimos, o en el mejor de los casos los ignoramos.

Discernir cuando el dormir es descanso necesario y cuando se con-vierte en un freno es difícil pero fundamental. Pocas son las personas que apaciguan su ritmo atendiendo a los avisos que el cuerpo envía. No es hasta que se sufre un mal físico severo que la persona reacciona y frena... por un tiempo. La mayoría, por desgracia, conviven con la ansiedad hasta que ago-tan todas sus reservas mentales, físicas, emocionales y espirituales.

Multitud de individuos —hablo de mujeres y hombres cualificados e influyentes—, movidos por la pasión desmedida, o por un concepto erróneo de lo que es responsabilidad, o por temor al fracaso, o por mil razones más, superan el límite de su capacidad abocándose a la ansiedad.

Los grandes genios lo son en la medida en que saben respetar el umbral de su límite, que es donde comienza el terreno pantanoso. Apunta a la exce-lencia pero huye del perfeccionismo. Sé responsable sin ser un maniático de la responsabilidad. Cumple con rigor cada parte del contrato, pero date tiempo para jugar y reír, correr y cantar, danzar y vivir... vivir en el más enorme sentido de la palabra

Y nunca olvides que...

Cuando la vida se te antoje difícil, la primavera termine y el invierno más crudo se cierna sobre tu vida, familia o ministerio, recuerda que tus fuerzas son caducas, pero la gracia de Dios es perenne; definitivamente, absolutamente, inmarchitable y, al fin y al cabo, todo depende de Él, porque todo... absolutamente...

Todo es por gracia.

Epílogo

Intentaremos en este espacio dar algunas orientaciones, a la fuerza muy generales, sobre algunos aspectos preventivos para el síndrome de burnout, así como de abordaje terapéutico cuando llegue a producirse.

I. PREVENCIÓN DEL BURNOUT

La prevención es un aspecto fundamental para que no lleguen a producirse los efectos que origina el burnout, mucho más difíciles de abordar cuando ya se han manifestado de manera evidente.

La prevención no solo ayuda a advertir la aparición del síndrome, sino que es útil para cualquier trabajador y trabajo, ya que en definitiva son aspectos que ayudan a mejorar la calidad de vida laboral reduciendo el estrés que siempre existe en mayor o menor medida.

Todas las medidas posibles que esbozaremos ahora tienen tres niveles o dimensiones: el de la organización o entidad; el de la relación interpersonal con las personas con las que existe un trato en torno al trabajo (los compañeros de trabajo, los «clientes», y los amigos y familiares); y finalmente a nivel personal o individual.

Todos ellos son importantes y merecen un análisis en profundidad, aunque aquí por la limitación de espacio y no querer ser demasiado prolijos lo haremos de una manera panorámica.

A. *Medidas de prevención individuales*

A nivel personal la clave es reducir el nivel de estrés emocional, que es el «cajón de sastre» final de multitud de factores y circunstancias posibles.

En este aspecto, lo esencial es que la persona aprenda a desconectarse de los problemas y responsabilidades del trabajo, separando la vida personal y familiar de la laboral. Precisamente un síntoma claro de que podemos estar ante un síndrome de burnout es esta incapacidad de desconectarse de los problemas y responsabilidades laborales cuando se está viviendo la dimensión extra laboral, especialmente la familiar.

Esto es fácil de decir pero complejo de lograr. La ayuda de una persona experta puede ser de gran ayuda.

La prevención personal incluye el diagnóstico precoz, que es por ello fundamental, pudiendo ya requerir apoyo pastoral, así como «reprogramar» la vida, de manera menos profunda que cuando el síndrome ya está desarrollado. Se debe centrar especialmente en cuanto a la distribución del tiempo de trabajo y descanso (con atención a las horas de sueño), el tiempo de ocio y deporte, y relaciones personales y familiares. Esto realizado a tiempo permite evitar que avancen muchas situaciones de inicio del síndrome.

B. Las relaciones interpersonales

En profesiones que tienen que ver con relaciones personales estrechas y muy vinculantes (pastores, médicos, enfermeras, psicólogos, terapeutas familiares, trabajadores sociales...) es clave establecer un equilibrio alejado de los extremos de un profesionalismo impersonal y la identificación personal con el problema.

El profesionalismo nos hace ineficientes, fríos y menos eficaces en la ayuda a la persona, y sería un egoísmo que choca con la necesidad de identificarnos con quien ayudamos, lo que se conoce como empatía. Pero cuando la empatía se convierte en participación personal acaba destruyendo al ayudador.

Si vivimos cada problema como si fuera el de nuestro hijo acabaremos paradójicamente cayendo en la misma inefectividad y falta de eficacia en nuestra ayuda que produce el profesionalismo. En primer lugar por falta de objetividad; de hecho, por esta razón los médicos casi nunca tratan a un ser querido de una enfermedad grave, aunque sea de su especialidad, sino que lo delegan en un compañero de su confianza. Y en segundo lugar porque la intensidad del desgaste emocional agota al ayudador, especialmente si este desgaste se repite y mantiene en el tiempo... estaremos entrando en la antesala del burnout.

Otro objetivo preventivo es conseguir el mayor apoyo personal tanto a nivel familiar, como de amigos o compañeros. La peor práctica es el silencio e interiorizar lo negativo de la experiencia que se está viviendo. De hecho, las personas que como trabajadores inician el proceso de un síndrome de burnout a menudo no cuentan los problemas que están experimentando (bien por minimizarlos o bien por creer que son los únicos que los sufren).

El desahogo adecuado y con las personas adecuadas no solo promueve salir del aislamiento y fomenta el compañerismo, sino que ayuda a un enfoque realista y a saber afrontar las situaciones y resolver los problemas diarios.

Lo mismo ocurre en la dimensión de los amigos y la familia. Cuando la persona está siendo afectada, se produce una reacción en cadena que llega a todas sus relaciones personales y, en esta situación, la peor solución es el silencio. En primer lugar porque será malinterpretado; y en segundo lugar porque lleva a una espiral de malestar-aislamiento-aumento del malestar-mayor aislamiento...

Vuelve a ser importante el papel de personas maduras, con experiencia, sabias en aconsejar desde el entendimiento del problema que supone el experimentar este síndrome.

C. Las organizaciones

Existen medidas generales cuya aplicación ayuda a evitar algunas de las fuentes del estrés que dan lugar al burnout, mejorando además la calidad de vida de los trabajadores.

Un aspecto a destacar es la formación y sensibilización en las organizaciones de la realidad de este fenómeno para poder adaptarse ante los cambios continuos que afectan a sus trabajadores, analizando su futuro profesional y su vida laboral (remuneración económica, posibilidad de promoción...), revisando de manera continua las responsabilidades y funciones de acuerdo a la realidad del trabajo desempeñado. También es importante la participación de los trabajadores en las decisiones que les afecten, potenciando el trabajo en grupo y los vínculos interpersonales.

Otro de los aspectos es no abandonar al trabajador en sus responsabilidades, especialmente en aquellas en las que se enfrenta sin dominar el área de actuación por ser nueva para él o por no estar adecuadamente preparado. La supervisión, la consejería y el delegar —pero sin olvidarse de la capacidad de la persona en lo que está haciendo— son aspectos fundamentales en este nivel.

Para lograr esto es indispensable que quienes dirigen la organización conozcan, sigan de cerca y tengan una relación empática con quienes dependen directamente de ellos (si esto no ocurre, es fácil que de manera voluntaria o involuntaria se llegue el abandono del trabajador).

Dentro de las medidas concretas a valorar si se detecta la aparición del síndrome de burnout están la reducción de la carga de trabajo y la jornada laboral, o aumentar el apoyo y participación de otros trabajadores en la toma de decisiones, favorecer el desarrollo personal y profesional dentro de la organización más allá de la productividad, y la valoración objetiva de los buenos resultados sin exigir expectativas desmesuradas.

También, de ser posible, son herramientas útiles promover un grado de autonomía y autogestión acorde a su nivel de capacidad (es tan negativo el «estrangulamiento» como el abandono), e intentar que exista variedad en las tareas a realizar o incluso cambiar el tipo de trabajo que se está realizando por otro que —idealmente— además de diferente sea motivador para el trabajador.

Otros aspectos menores, pero que deben ser tenidos en cuenta, son las condiciones ambientales, como el mobiliario de oficina con que se cuenta para el trabajo, el grado de luminosidad, e incluso la utilización de los colores y la decoración.

II. TRATAMIENTO DEL BURNOUT

La intervención terapéutica se debe realizar cuando el síndrome de «estar quemado» ya hace estragos en la persona. A menudo —por desgracia— los primeros en darse cuenta de la presencia del burnout son las personas que rodean al afectado. De hecho, es muy difícil que la persona que ya presenta el burnout se dé cuenta de ello, sobre todo cuando ya está muy avanzado.

Aunque siguen siendo útiles las medidas que antes enumeramos como preventivas, no van a ser por lo general suficientes.

El burnout en su apogeo afecta a muchas áreas de la vida, por lo que se debe utilizar una intervención experta, que alcance varias áreas y perspectivas integradas, de forma que se complementen unas a otras.

En este punto, se hace indispensable una consejería pastoral en profundidad, y en función de ella valorar la reestructuración de la vida completa de la persona en cuanto a sus hábitos en las áreas laborales y las relaciones personales (trabajo, amigos, familia). Y lo que es más difícil, modificar la manera de entender y afrontar la vida en aspectos tan importantes, profundos y complejos como la identidad personal y el trabajo; la responsabilidad y el sentirse imprescindible; cómo se afronta el compromiso, y el sentido de éxito y fracaso.

En este punto, puede ser necesaria la intervención de profesionales de la sanidad para aliviar los síntomas, que pueden llegar a ser la principal fuente de preocupación de la persona. Es frecuente que la ansiedad, el insomnio, las crisis de angustia, las palpitaciones o taquicardia, el aumento de la tensión arterial, o la depresión sean el motivo inicial de consulta o el foco de mayor preocupación de la persona con síndrome de burnout. Todo ello requiere la atención de un profesional de la medicina, como apoyo al conjunto del tratamiento.

La dimensión espiritual

Como creyentes, no podemos dejar de lado, al contrario, el papel de la fe, de la oración y de la ayuda real de un Dios vivo y omnipotente. Sin embargo, tampoco podemos caer en la espiritualización de la vida y los problemas.

Por ello, sin olvidar nunca la importante y poderosa herramienta de nuestra relación con Dios, debemos reconocer también nuestra necesidad de ayuda por parte de quienes nos rodean. Especialmente cuando vemos que tenemos un problema que no resolvemos y afecta nuestra vida, como es el síndrome de burnout.

El primer punto sería que las medidas preventivas a nivel de relaciones personales y organizaciones deberían ser tenidas en cuenta por las entidades eclesiales y paraeclesiales. Parafraseando un conocido versículo de la relación padres-hijos, diríamos: «iglesias, no provoquéis al síndrome de burnout a vuestros líderes».

El segundo punto sería entender que padecer este síndrome no es un signo de debilidad, pecado o inmadurez, sino la crisis de alguien que está asumiendo una responsabilidad que le desborda. No tenemos más que pensar en Elías escondido en la cueva tras su enfrentamiento con los sacerdotes de Baal y la amenaza de morir en manos de Jezabel.

Y por último, debería existir una formación y personas expertas en esta área que puedan tratar desde la experiencia y la formación a quienes padecen este síndrome. Nada hay peor que una «fórmula bíblica» simplista, o la palmadita o el consejo consabido, que dejan a la persona en la misma situación que estaba y con un profundo sentimiento de incomprensión y soledad.

En este sentido, este libro que tienen en sus manos es un enfoque ejemplar. No se trata de un par de charlas. Es toda una experiencia vital de reorientación y transformación del entendimiento ante la vida, que puede abarcar muchos lunes con nuestro viejo pastor.

PEDRO TARQUIS ALFONSO
ADJUNTO DE MEDICINA INTERNA EN UN HOSPITAL
PÚBLICO DE MADRID, ESCRITOR Y PERIODISTA

GUÍA DE ESTUDIO:

Cómo bucear en los quince pergaminos con el oxígeno de la Palabra de Dios

PRIMER PRINCIPIO:
TODO COMIENZA AMANDO A DIOS.

• Lee una vez más el «pergamino» que contiene el principio número uno.

• Reflexiona en lo siguiente:

O amamos a Aquel a quien servimos o nuestro servicio solo se convertirá en trabajo.

El principio de todo es Dios y para servirle tendrás que conocerle, y al conocerle te será imposible no amarle.

La verdadera pregunta no es: *¿En qué sirves?*, sino: *¿A quién sirves?*

• Lee Lucas 10.38–42.

¿Quién amaba más a Jesús, Marta o María?

Efectivamente, ambas le amaban, pero una de ellas entendió que hay momentos en los que cocinar para Jesús, y otros en los que es tiempo de que Él nos alimente.

Es posible cocinar tan febrilmente para Dios, que saquemos a Dios de la cocina. Eso se llama activismo; es mejor la adoración...

• «Ama a Dios sobre todas las cosas». Calcula si es importante este mensaje que no aparece en un solo lugar de la Biblia... ni en dos... ni en cuatro...: Levítico 19.18; Mateo 19.19; 22.39; Marcos 12.31; Lucas 10.27; Romanos 13.9; Gálatas 5.14; Santiago 2.8.

¡Ahí lo tienes! En el Antiguo y en el Nuevo Testamento; en los evangelios y en las epístolas. La Biblia desborda con el mensaje... la recomendación, el imperativo de «Amar a Dios antes que a nada y por encima de todo».

• ¿Amas más a la obra de Dios que al Dios de la obra?

La respuesta a este interrogante es crucial porque condicionará la efectividad y la durabilidad de nuestro ministerio. Servirle más y amarle menos, terminará en decepción y agotamiento.

• ¿Cómo puedo amar más a Dios?

En una ocasión, terminada la reunión de la iglesia vi a un muchacho que lloraba. Acercándome le interrogué sobre el motivo de sus lágrimas. Levantó sus ojos inundados y su respuesta fue un disparo a mí corazón: «Quiero amar más a Dios, me dijo, y no sé cómo conseguirlo».

Sentí envidia de su anhelo, nunca he visto unas lágrimas con un sentido más alto que aquellas. Con razón aquel muchacho provocaba cambios en su entorno y afectaba vidas de forma decididamente positiva.

Pero la pregunta era: ¿Cómo puedo amar más a Dios? Conociéndole mejor. Es imposible conocerle sin amarle, es imposible conocerle mejor sin amarle más...

- Lee Juan 15.15.

«Ya no os llamaré siervos, sino amigos». Porque el siervo es contratado para trabajar, pero el amigo es un aliado de juegos y confidencias, de risas y lágrimas, de acción y de comunión.

SEGUNDO PRINCIPIO:
OBSERVA Y PRESERVA LA SALUD DE TU FAMILIA.

- Lee una vez más el «pergamino» que contiene el principio número dos.
- Reflexiona en lo siguiente:

Ningún éxito en la vida justifica el fracaso en el hogar.

Uno de los regalos más grandes que podemos dar al mundo es nuestra familia.

Me miró fijamente y sin ningún titubeo me dijo: *Si tuviera que elegir entre mi papel de pastor o de padre, me quedo con lo segundo.* Y añadió: *Prefiero ser un pastor mediocre, pero un padre excelente, que al contrario.*

Tal afirmación podría tildarse de irresponsable, y tal vez así la habría catalogado de no conocer a quien la profería. Aquel hombre era un excelente pastor y un extraordinario padre.

Cuando en aras del ministerio descuidamos la familia, estamos degradando el ministerio. Soy esposo, padre y pastor; por este orden. Con frecuencia debo recordar que mi familia es una parte integral de mi congregación; y no haré bien en descuidarla. Quien, como ministro, esposo y padre, da a su familia las sobras de cada día y los últimos minutos de agotadoras jornadas, está descuidando la parte más importante del ministerio que Dios le ha encomendado.

- Lee Génesis 12.3; 28.14.

¿Notas la manera en que la Biblia hace énfasis en «bendecir familias» y no a personas individuales? Por descontado es que Dios bendice a los individuos, pero tiene un proyecto de bendición específico para la familia. Él ama la familia.

- Lee Deuteronomio 6.6–7.

¿Puedes apreciar el énfasis de que exista tradición oral en la familia? Es decir, comunicación entre padres e hijos, mediante la cual se transmita la ley y las ordenanzas de Dios. «Repetirás, a tus hijos... hablarás de ellas estando en casa, andando por el camino, al acostarte, cuando te levantes...» Todo ello requiere, necesariamente, tiempo compartido entre padres e hijos.

- Si tus hijos tuvieran que responder a la siguiente pregunta: ¿Cuándo fue la última vez que jugaste con tu padre?, ¿Qué contestarían?
- ¿Estás dando a tu cónyuge el tiempo que necesita para sentirse amado y cuidado?
- Por tu manera de conducirte en el ministerio, ¿crees que tus hijos amarán el ministerio o sentirán recelo del servicio cristiano?

Una de las credenciales más poderosas de tu ministerio es tu familia, comenzando por tu matrimonio.

TERCER PRINCIPIO: DEDICA TIEMPO DE CALIDAD A LA BIBLIA.

- Lee una vez más el «pergamino» que contiene el principio número tres.
- Reflexiona en lo siguiente:

«La Biblia, toda la Biblia y nada más que la Biblia es la religión de la iglesia de Cristo. Y hasta que a esta volvamos, la iglesia habrá de sufrir».[1]

Recuerdo que su hablar era bíblico, extraordinariamente bíblico. La Biblia estaba presente en su conversación y en su predicación, como si el libro sagrado se hubiera diluido en él, brotando con asombrosa naturalidad en sus palabras y expresiones.

Cuando fue a la cocina para traer unos vasos con agua, tomé su Biblia y la ojeé. Jamás he visto un libro tan gastado por el uso. Los bordes de las páginas estaban rizados y se enredaban entre sí. Los versículos —casi todos— estaban subrayados con una suerte de código de colores que solo él conocía. Los márgenes cubiertos por notas; leí algunas. He visto frases de enamorados menos apasionadas que las que había apretadas sobre los mínimos márgenes...

Aquel hombre chorreaba Biblia por cada poro de su piel, porque la había comido con deleite y pasión.

La sentencia bíblica acudió a mi mente: «*De la abundancia del corazón habla la boca*».

• Lee Salmo 19.10.

La jalea real, aquí equivale a miel, es un reconstituyente de primer orden. La Biblia no solo da dulzor a nuestra vida, sino que aporta una capacidad nutritiva y regeneradora impresionante. Leyéndola nos fortalecemos y cobramos nuevo vigor.

• Lee Colosenses 3.16.

¿Cómo podemos hacer que la Palabra de Dios more en nosotros?

¿Aprecias que el resultado inmediato y natural es que habrá enseñanza, exhortación y cánticos? Y todo ello lleno de sabiduría.

La Palabra de Dios aporta riqueza, equilibrio y sabiduría. Todos ellos son elementos fundamentales para la estabilidad de una vida y de una iglesia.

• ¿Cuánto tiempo dedicas semanalmente a la lectura de la Biblia?
• ¿Lees la Biblia por deleite o para preparar mensajes que luego predicarás?
• ¿Has leído toda la Biblia?

El analfabetismo bíblico es un serio problema cuando lo padecen los miembros de las iglesias, pero una auténtica tragedia cuando lo sufren sus líderes.

Hazte el propósito firme de leer la Palabra de Dios con seriedad, con deleite; subrayando y saboreando los versículos.

CUARTO PRINCIPIO:
O AMAS A QUIENES SIRVES O TERMINARÁS POR DEJAR DE SERVIRLES.

- Lee de nuevo el «pergamino» que contiene el principio número cuatro.
- Reflexiona en esto:

Si trabajásemos con números, o fabricando piezas, o ensamblando componentes en una cadena de montaje, podríamos permitirnos sentir indiferencia hacia la materia con la que trabajamos. Pero estamos trabajando con vidas, afectando su presente y sobre todo su eternidad; en tal empresa no cabe la indiferencia, ni la desidia y mucho menos el rencor o la pasión negativa.

- Lee 1 Corintios 13.

Algunos circunscriben y limitan la influencia de esta bella pieza literaria al ámbito del matrimonio. ¡Es un error!

La esencia de estas letras quiere afectar todas las áreas de la vida e impregnar todas nuestras relaciones. También el matrimonio, por supuesto, pero no solo el matrimonio.

Intenta responder a estas preguntas:

¿Cuántas características acerca del amor describe el capítulo 13 de 1 Corintios?

¿Puedes identificar todas esas cualidades en el amor que despliegas? ¿Cuáles son las que más te cuesta desarrollar?

¿Sabes que las personas *más difíciles* son, precisamente, las que nos ayudan a ejercitar y consolidar el verdadero amor?

- Lee Gálatas 5.13.

La última frase del versículo establece la motivación correcta para servir, ¿cuál es?

¿Qué otras motivaciones puede alguien tener para desplegar un ministerio?

¿Has conocido a alguien que haya servido por motivaciones incorrectas, o has experimentado tú mismo, en algún momento de tu vida, alguna motivación menos adecuada que el amor para servir a Dios?

Servir sin amor es como laborar en un campo de trabajos forzados. Agota el cuerpo, desgasta la mente y nunca reporta satisfacción.

Servir con y por amor, es un delicioso privilegio que puede hacernos, en ocasiones, sentir cansados, pero siempre satisfechos. No aguardamos ninguna contrapartida, servimos porque amamos y en el mismo acto de servir encontramos la verdadera recompensa.

QUINTO PRINCIPIO: ERES VALIOSO.

- Lee de nuevo el «pergamino» que contiene el quinto principio.
- Reflexiona en lo siguiente:

Pensar acerca de ti mismo que eres un desastre, equivale a decir que Dios crea basuras, y eso es algo más que un error: es una terrible equivocación. Has sido creado por Dios, por un Dios en cuya naturaleza no cabe el crear ruinas, al contrario, Él es capaz de tomar una ruina y convertirla en una obra de arte.

El gran fallo que cometemos es compararnos con otros. Siempre es malo hacerlo porque si te comparas con alguien que es peor que tú corres el riesgo de enorgullecerte, y si te comparas con alguien que es mejor corres el riesgo de infravalorarte. Deja de compararte con otros.

«Cometen una tontería los que se miden y comparan unos con otros», 2 Corintios 10.12 (DHH).

- Lee Efesios 2.10.

¿Quién te ha creado?

¿Concibes que un artífice de esa categoría pueda hacer piezas con taras?

¿Has pensado en que Dios hace piezas exclusivas con un fin específico? Cada parte de tu diseño responde a una misión concreta y gloriosa que has de desempeñar.

¿Has dedicado tiempo a buscar el propósito de Dios para tu vida? Recuerda siempre esta máxima: No gastes tus energías intentando imitar a otros, porque *solo tú puedes ser tú*.

- Lee 2 Timoteo 4.5.

¿Cuál es la última exhortación que recibe Timoteo?

Pablo le encomienda determinadas misiones y resume todas ellas en una: «Cumple tu ministerio».

¿Cuál crees que era el ministerio de Timoteo?

¿Le exhorta Pablo a imitarle en lo concerniente al desarrollo ministerial?

Pablo era apóstol, Timoteo no lo era. No se le pide a Timoteo que haga lo mismo que Pablo, sino que cumpla con su ministerio.

SEXTO PRINCIPIO: SÉ CAPAZ DE PERDONAR Y TAMBIÉN DE PERDONARTE.

- Lee de nuevo el «pergamino» que contiene el principio número seis.
- Reflexiona en lo siguiente:

El odio es inútil y además muy peligroso. A quien te ofendió no le hará el más mínimo daño, pero agrandará tu propia herida de forma desmesurada. Odiar mata, pero no al odiado, sino al que odia.

Tendrás, también —y pon en esto toda tu atención—, que perdonarte a ti mismo.

Siervos efectivos dejaron de serlo el día en que erraron y decidieron vivir el resto de sus días lamentando su error.

Eso mata a cualquiera.

Una equivocación solo se convierte en falta cuando se persevera en ella.

- Lee San Mateo 18.21–22.

El número siete, en la Biblia, apunta a lo completo, lo perfecto, lo pleno. Jesús establece un principio: perdonar siempre.

¿Arrastras alguna carga de rencor, odio o sensaciones similares?

¿Te hirieron en el pasado y eres incapaz de mirar a quien lo hizo sin sentir un cosquilleo incómodo en tu interior?

Perdonar es decidir dejar libre a quien te hirió y descubrir entonces que el cautivo eras tú.

- Lee Proverbios 24.16.

¿No te parece llamativo que la Biblia utilice ahora el mismo número para referirse a las veces en que uno mismo es restaurado después de la caída?

Debemos perdonar a nuestros ofensores, pero el mismo énfasis debemos poner en perdonarnos a nosotros mismos.

¿Cometiste un error en el pasado y ahora eres incapaz de quitar de tus espaldas el peso del fracaso?

¿Hiciste algo mal y jamás volviste a ser el mismo?

Perdónate; decide hacerte libre. Levántate y declara: «Está bien, perdí esa batalla pero ganaré la guerra». Ponte en pie y lucha; el futuro está repleto de oportunidades, alcánzalas tomado de la mano de Dios.

El rencor es una gruesa cadena que nos ata a nuestro ofensor; al decidir dejarle libre, somos liberados nosotros mismos.

El perdón es algo más que medicina. El perdón es vida.

Es algo más que quietud, el perdón es paz. La transmite al perdonado, la multiplica en el que perdona.

SÉPTIMO PRINCIPIO: PISA LA TIERRA SIEMPRE. INCLUSO DESPUÉS DE TUS MAYORES TRIUNFOS, RECUERDA QUE TUS PIES SIGUEN SIENDO DE BARRO.

- Lee de nuevo el «pergamino» que contiene el principio número siete.
- Reflexiona en lo siguiente:

Sobreponerse a los fracasos es importante; sobreponerse a los éxitos es vital.

Más difícil que superar un fracaso es vencer un triunfo. El principal enemigo de tu conquista de mañana es tu conquista de hoy. Las medallas pueden pesar tanto que dificulten nuestro avance.

• Lee Santiago 4.6.

¿Puedes apreciar que con la misma intensidad con la que Dios rechaza al soberbio y orgulloso es con la que acepta al humilde?

La humildad asfalta el camino que nos acerca a la presencia de Dios.

• Lee Isaías 42.8.

¿Aprecias que Dios es celoso de su gloria y no la comparte con nadie? No es este un síntoma de prepotencia, sino de pura lógica. Junto a Dios no hay brillo humano que destaque. ¿Cómo harás para brillar cuando estés junto al sol?

Cuando nos aproximamos a Él se nos quitan de golpe las ganas de figurar y se despierta en nosotros un anhelo irresistible de postrarnos y adorarle.

• Lee Isaías 57.15.

Dios compromete su Palabra en esto: «Habitaré con el humilde».

• Reflexiona en estas preguntas:

¿Hay en ti una actitud humilde y sencilla de modo que Él pueda habitar contigo?

¿Has descubierto algún detalle en tu pensamiento o comportamiento que te haga pensar en que necesitas ser más humilde?

¿Verdad que vale la pena que Él crezca y nosotros mengüemos?

Te invito a tomar la decisión de permitir que Dios ocupe el trono en tu vida, en tu familia, en tu iglesia. Eso provocará un precioso equilibrio y descubrirás que es una verdadera fuente de bendición.

OCTAVO PRINCIPIO: ORA. HABLA CON DIOS Y DEJA QUE TE HABLE. HAZ DE ESTO UN HÁBITO.

• Lee de nuevo el «pergamino» que contiene el principio número ocho.

• Reflexiona en lo siguiente:

«Hábitos», nuestro carácter se forma a través de ellos. La calidad de nuestro carácter viene determinada por la de nuestros hábitos y uno que de forma inexcusable debe estar presente en la vida de quien sirve a Dios, es el de la oración.

• Lee Hechos 6.1–7.

¿Puedes apreciar que ningún problema en la comunidad apartó a los apóstoles de sus prioridades?

¿Tendrá relevancia el orden en que los apóstoles expresaron sus principales cometidos? Primero oración, segundo ministerio de la Palabra.

¿Puedes identificar estas prioridades en tu agenda? ¿A qué dedicas más tiempo, a hablar a los hombres acerca de Dios, o a hablarle a Dios acerca de los hombres?

• Lee Lucas 18.1–14.

El enfoque y objetivo de la parábola estaba claro: La necesidad de orar siempre y no desmayar.

¿Cuánto tiempo ocupa la oración en tu día a día?

¿Conviertes cada preocupación o alegría, aflicción o gozo, en un motivo de oración?

¿Tienes que reorganizar tu agenda para que la oración tenga el lugar que merece?

NOVENO PRINCIPIO: RÍE CUANTO PUEDAS. HAZLO TODOS LOS DÍAS.

• Lee de nuevo el «pergamino» que contiene el principio número nueve.

• Reflexiona en lo siguiente:

¿Quién nos ha engañado convenciéndonos de que servir a Dios implica tener siempre la cabeza saturada de proyectos místicos y planes religiosos?

¿Quién inoculó en nosotros el error de que el siervo de Dios debe llevar la preocupación cincelada en el rostro?

¿Quién convirtió en aparente verdad la mentira de que espiritualidad es sinónimo de trascendencia y seriedad?

¿Quién ha robado la alegría, la risa y el juego de la casa del siervo de Dios?

Dios tejió la vida con hilo de gozo y nos ofrece un catálogo inagotable para gozar. Si el mundo te presenta mil razones para llorar, demuéstrale que hay mil y una para reír.

• Lee Deuteronomio 28.47.

¿Puedes discernir en este texto que la voluntad de Dios es que haya alegría y gozo en aquellos que le sirven?

• Lee Hebreos 13.17.

Definitivamente, Dios no está solo interesado en que le sirvamos, sino en que lo hagamos con alegría.

¿Está trayendo alegría a tu corazón la manera en que sirves a Dios?

• Lee Proverbios 10.28.

La esperanza que tenemos en Cristo es una verdadera fuente de alegría. Aprender a esperar en Él y a confiar en que todo está en su mano nos llenará de paz y gozo.

• Lee Salmo 94.19.

La consolación de Dios nos trae alegría. Esta consolación es fruto de descansar en sus brazos y sumergirnos en su presencia mediante tiempos de comunión íntima.

¿Crees que más comunión con Dios producirá más alegría?

¿Crees que es lícito que un siervo de Dios tenga hobbies y entretenimientos que le produzcan alivio y bienestar? ¿Los tienes tú?

¿Necesitas establecer algún ajuste en tu tiempo para poder disfrutar de momentos divertidos y distendidos?

DÉCIMO PRINCIPIO: GRANDEZA ES SABER MANTENER LA HUMILDAD.

• Lee de nuevo el «pergamino» que contiene el principio número diez.

• Reflexiona en lo siguiente:

Es cierto que servir a Dios es un privilegio, pero no lo es que pertenezcamos a una estirpe de «privilegiados». No poseemos inmunidad ni somos invulnerables. Somos humanos. Tan humanos como nuestros vecinos y con las mismas limitaciones que cualquiera de ellos.

Momificar el orgullo y estar siempre listos para detectar y corregir nuestros errores es fundamental.

• Lee Salmo 138.6.

¿Aprecias la condición que Dios establece para «atender»?

Nuestra prepotencia actúa como tapones de cera en los oídos de Dios. Pero nuestra actitud humilde ejerce en Él un magnetismo irresistible.

¿Qué tal andas de humildad? ¿Te sobra? Si respondiste que sí, revísate bien, tal vez te falte un poco...

• Lee Salmo 147.6.

¿Qué promesa encuentras en este versículo?

¿Verdad que es poderosa la garantía de promoción que Dios hace en su Palabra?

«Tú te humillas y yo te exalto»; es el trato de Dios. ¿Quién no querría firmar un contrato con tales garantías de rentabilidad? Dios lo pone delante de nosotros. Ya está firmado por Él, solo falta nuestra firma.

• Lee Filipenses 2.1–11.

Lo maravilloso y conmovedor de Dios es que no solo nos muestra el camino recomendable, sino que Él mismo lo transita, deja las huellas marcadas y nos invita a pisar sobre ellas.

Él no experimenta sus «pócimas» con nosotros. Demuestra que son infalibles bebiéndolas Él mismo.

Recorrió el camino de la humillación y por ello fue exaltado. Entonces dice: «Tú también; si te humillas serás exaltado por mí».

UNDÉCIMO PRINCIPIO: RESPONDE CON FIDELIDAD A AQUEL QUE TE HA ELEGIDO.

• Lee de nuevo el pergamino que contiene el principio número once.

• Reflexiona en lo siguiente:

La fidelidad se demuestra permaneciendo donde fuimos plantados, aunque nuestra parcela esté radicada en la ladera más dura y todo a nuestro alrededor nos invite a abandonar.

Mantente fiel en medio de la tormenta. Es lícito acertar y también lo es errar; pero no es lícito abandonar.

• Lee Números 12.6–8.

La fidelidad de Moisés era conocida y reconocida por Dios; eso le abrió la puerta a una dimensión nueva en la comunión con Dios.

• Lee 1 Timoteo 1.12.

Dios mide y calibra la fidelidad de aquellos a los que desea promocionar en su obra. La fidelidad es la puerta de entrada al servicio a Dios y es, además, el motor que nos mantiene en la altura del servicio al Señor.

• Lee Apocalipsis 2.10.

¿Dónde se demuestra la verdadera fidelidad?

¿Has tenido ocasión de mostrar tu fidelidad al Señor en medio de alguna fuerte adversidad?

¿Has comprobado el precio que supone servir al Señor con lealtad y fidelidad?

¿Has disfrutado de la inmensa fidelidad de Dios en algún desierto de tu vida?

DUODÉCIMO PRINCIPIO: APRENDE EL INMENSO VALOR DE LAS PRUEBAS Y LAS DIFICULTADES.

• Lee de nuevo el «pergamino» que contiene el principio número doce.

• Reflexiona en lo siguiente:

La altura siempre implica riesgo y las situaciones de la vida que nos hacen alcanzar posiciones elevadas nos sitúan con frecuencia bajo cielos oscuros... pero solo así descubrimos que hay tesoros exclusivos en los pliegues de las sombras.

Enfermedades, tiempos de desánimo, imprevistos que rompen nuestros planes, sueños y proyectos fracasados, dificultades económicas...

Los cielos más hermosos siempre corresponden a los lugares más oscuros, y los momentos más difíciles son puertas a las mejores oportunidades.

• Lee Santiago 1.2–4.

¿Gozo en las pruebas? ¿Reír cuando todo invita a llorar? ¿Cantar bajo la lluvia?

¡Exacto! Eso es lo que nos pide Dios... y luego nos invita a que comprobemos los resultados.

La noche más profunda suele ser el envase que contiene a la mayor de las oportunidades. Acepta la noche, escudríñala, adora y disfruta de los resultados...

• Lee 1 Pedro 1.3–9.

¿Estás siendo probado? ¿Es muy dura la prueba que estás atravesando?

Ten la seguridad de que Dios solo coloca sobre el yunque aquellos instrumentos que pretende utilizar.

Solo pisa, y adoba, y estira, y modela el barro con el que tiene previsto crear un vaso de honra.

¿Puedes pensar en tu pasado y localizar alguna otra adversidad que enfrentaste y de la que saliste victorioso?

Dios te guardó hasta hoy. Has resistido hasta aquí; ¿abandonarás ahora que estás tan cerca de la meta y de la bendición?

- Lee Gálatas 6.17.

¿De qué se gloriaba Pablo?

¿Puedes ver que sus heridas eran auténticas credenciales?

¿Aprecias que las marcas de guerra dotaron de autoridad, peso y profundidad al ministerio y a las palabras del apóstol?

No te fíes demasiado de las palabras de un hombre que no tiene cicatrices.

DECIMOTERCER PRINCIPIO: CAMBIOS EN LA NOCHE ¡NUNCA! AGUARDA A QUE AMANEZCA.

- Lee de nuevo el «pergamino» que contiene el decimotercer principio.
- Reflexiona en lo siguiente:

El ministerio en la noche, o lo que Agustín de Hipona denominaba «la noche oscura del alma», son tiempos tan incómodos como inevitables; tan duros como espiritualmente rentables. Pero son etapas para arraigarnos y no para mudarnos.

He conocido a muchos que en el momento de máxima presión y envueltos en la bruma de la tempestad tomaron decisiones drásticas y las ejecutaron precipitadamente; ninguno de estos casos terminó bien.

Es cierto que los tiempos de crisis nos llevan a tomar decisiones que de otro modo no haríamos, pero es vital ejecutarlas con reflexión y oración. La precipitación es enemiga de la bendición.

Hay ocasiones en que la decisión más sabia y acertada es ESPERAR. Amanecerá, por fin, y será entonces tiempo de hacer los ajustes necesarios con la suficiente luz.

- Lee Isaías 40.31.

Medita en esta preciosa promesa de bendición para cuantos esperan paciente en Dios. Hay un cielo nuevo de libertad y bendición sobre el que extenderemos nuestras alas; pero descansa si por ahora es el momento de aguardar en el nido. No te precipites; espera en Dios.

- Lee Salmo 37.1–7.

¿Sientes inquietud o impaciencia viendo cómo otros son prosperados, promocionados, reconocidos o bendecidos? Aguarda tu tiempo; espera pacientemente y descansa en el Señor. Cuando llegue su hora Él podrá hacer en diez minutos lo que ninguno de nosotros haría en veinte años.

- Lee Lamentaciones 3.25–26.

Lamentaciones fue un libro escrito bajo presión, carga y aflicción, pero declara firmemente que hay sabiduría en esperar en Dios.

Si estás atravesando un crudo invierno, acércate al corazón de Dios; deja que el calor de su presencia te dé abrigo y sé paciente hasta que llegue la primavera.

DECIMOCUARTO PRINCIPIO: INTEGRIDAD: UN VALOR COTIZADÍSIMO EN CIELO Y TIERRA. SÉ ÍNTEGRO.

- Lee de nuevo el «pergamino» que contiene el decimocuarto principio.
- Reflexiona en lo siguiente:

La integridad no tiene que ver con la perfección de tus actos, sino con la entereza de tus principios.

Ser íntegro es ser genuino. Es importante que quien está en autoridad mantenga la coherencia entre lo que dice y lo que hace. Las personas a las que ministras son como esponjas y tú eres el agua. Ellos se «salpican» con lo que dices, pero se impregnan de lo que haces.

• Lee 1 Reyes 9.1–5.

¿Aprecias el pacto que Dios establece con Salomón en este pasaje? Míralo en los versículos cuatro y cinco.

¿Qué reclama Dios de Salomón?

¿Qué promete a cambio?

Recuerda siempre que «la integridad no consiste en la perfección de nuestros actos, sino en la entereza de nuestros principios y la transparencia de nuestro corazón».

• Lee Salmo 78.70–72.

¿Puedes enumerar las cualidades que el versículo setenta y dos menciona acerca de David?

Es importante valorar estas dos cualidades: Integridad y pericia; pero es determinante detectar que el orden de prioridades es el prefijado en el texto: Primero integridad, después pericia.

La pericia es una cuestión de APTITUD. La integridad apunta más a la ACTITUD.

DECIMOQUINTO PRINCIPIO: APRENDE A CREAR EQUIPO.

• Lee nuevamente el «pergamino» que contiene el decimoquinto principio.
• Reflexiona en lo siguiente:

Una de las claves que se hacen evidentes en el ministerio de Jesús fue que pasó mucho más tiempo con su círculo íntimo que con las multitudes.

Dedicó horas a enseñar a la multitud, pero días a formar a su pequeño equipo.

Sus tres áreas de relación eran, por este orden:

1. Tiempo para orar. Mucho y de calidad; noches enteras en conexión con el Padre.

2. Tiempo para formar a su equipo. Largas e importantísimas charlas de formación, condimentadas con el ingrediente único de la comunión.

3. Tiempo para las personas. Predicó y enseñó; sanó y ministró. Pero nunca se enfocó en la enseñanza con más intensidad que en la oración, y nunca dio a las masas tanto tiempo como a su equipo.

• Lee San Lucas 6.12–16.

¿Puedes apreciar el riguroso orden que Jesús mantuvo? Primero oración después comisión. Antes de la selección de su equipo estuvo la consulta al Padre.

¿Eres dado a hacerlo tú todo? Un hombre edifica una casa, un equipo construye un reino.

¿Tienes personas de confianza en las que delegar ciertas áreas? Si la respuesta es negativa, pregúntate: ¿qué me impide delegar? Sé franco en tu respuesta.

Crear equipo requiere invertir tiempo en seleccionar a las personas y luego formarlas, pero será una inversión inicial que dará grandes rendimientos en el futuro. Hoy te supondrá un trabajo extra, pero mañana te proporcionará descanso.

• Lee Eclesiastés 4.9–12.

Cometemos un error si limitamos la influencia de estos versículos estrictamente al área del matrimonio. Presentan también una clave esencial para quien quiera desarrollar un servicio influyente y duradero. «Mejor son dos que uno».

Notas

Capítulo 2: *Una visita inesperada*

1. José L. Navajo, *Una cruz en el desierto* (Nashville, TN: Grupo Nelson, 2011).

Capítulo 6: *Diagnóstico: Burnout*

1. Nota del autor: Toda vez que esta novela tiene su base en una experiencia tan real como personal, pido perdón por el atrevimiento de incorporarme a la trama para ser yo mismo quien describa los sentimientos y emociones que enfrenté durante la que fue, sin duda, la crisis más dura que hasta hoy he vivido. Los párrafos que siguen constituyen el relato fidedigno de una vivencia durísima, pero incalculablemente enriquecedora. El lector percibirá enseguida cuando el autor vuelva al lugar que le corresponde: el anonimato, para ceder el centro de la escena a quienes deben ocuparlo: los actores principales de esta historia.

Capítulo 20: *Tercer principio: Dedica tiempo de calidad a la Biblia.*

1. C. H. Spurgeon, *Discursos a mis estudiantes* (El Paso, TX: Casa Bautista, 2003).

Capítulo 22: *Quinto principio: Eres valioso.*

1. Teresa de Calcuta.

Guía de estudio

1. Spurgeon, *Discursos a mis estudiantes.*

Acerca del autor

José Luis Navajo cursó estudios en el Seminario Evangélico Español, la Asociación de Formación Teológica Evangélica y la Escuela Bíblica Salem. Actualmente forma parte del equipo pastoral de la Iglesia Evangélica Salem, en Madrid, España. El ministerio pastoral es su llamamiento y visión; su otra gran vocación es la literatura, siendo autor de varios libros. Imparte conferencias, participa como comentarista en diversos programas radiofónicos y es columnista. Con su esposa, Gene, tiene dos hijas, Querit y Miriam.

9 781602 557321